FALLO DA SOLO

Libri Per Bambini Di 8 Anni | Vol. 2 | Frazioni E Decimali

ActivityCrusades

Pubblicato da Speedy Publishing Canada Limited

FRAZIONI

Determinare se le frazioni mostrate sono uguali a 0, 1/2 o 1

1) $\dfrac{4}{8}$	2) $\dfrac{0}{7}$	3) $\dfrac{0}{6}$	4) $\dfrac{8}{8}$
5) $\dfrac{9}{18}$	6) $\dfrac{7}{14}$	7) $\dfrac{5}{10}$	8) $\dfrac{5}{5}$
9) $\dfrac{2}{4}$	10) $\dfrac{6}{6}$	11) $\dfrac{0}{9}$	12) $\dfrac{9}{9}$
13) $\dfrac{0}{8}$	14) $\dfrac{0}{3}$	15) $\dfrac{4}{4}$	16) $\dfrac{0}{4}$
17) $\dfrac{3}{3}$	18) $\dfrac{0}{5}$	19) $\dfrac{8}{16}$	20) $\dfrac{2}{2}$

1. _____________
2. _____________
3. _____________
4. _____________
5. _____________
6. _____________
7. _____________
8. _____________
9. _____________
10. _____________
11. _____________
12. _____________
13. _____________
14. _____________
15. _____________
16. _____________
17. _____________
18. _____________
19. _____________
20. _____________

Determinare se le frazioni mostrate sono uguali a 0, 1/2 o 1

2

1) $\dfrac{2}{4}$

2) $\dfrac{7}{7}$

3) $\dfrac{3}{3}$

4) $\dfrac{9}{9}$

5) $\dfrac{2}{2}$

6) $\dfrac{0}{9}$

7) $\dfrac{5}{5}$

8) $\dfrac{8}{16}$

9) $\dfrac{4}{8}$

10) $\dfrac{0}{5}$

11) $\dfrac{3}{6}$

12) $\dfrac{6}{6}$

13) $\dfrac{0}{2}$

14) $\dfrac{0}{4}$

15) $\dfrac{0}{6}$

16) $\dfrac{7}{14}$

17) $\dfrac{5}{10}$

18) $\dfrac{4}{4}$

19) $\dfrac{0}{7}$

20) $\dfrac{9}{18}$

1. _________
2. _________
3. _________
4. _________
5. _________
6. _________
7. _________
8. _________
9. _________
10. _________
11. _________
12. _________
13. _________
14. _________
15. _________
16. _________
17. _________
18. _________
19. _________
20. _________

Determinare se le frazioni mostrate sono uguali a 0, 1/2 o 1

1) $\dfrac{0}{4}$ 2) $\dfrac{3}{3}$ 3) $\dfrac{7}{14}$ 4) $\dfrac{8}{8}$

5) $\dfrac{0}{6}$ 6) $\dfrac{4}{4}$ 7) $\dfrac{0}{8}$ 8) $\dfrac{8}{16}$

9) $\dfrac{0}{2}$ 10) $\dfrac{2}{4}$ 11) $\dfrac{6}{6}$ 12) $\dfrac{0}{7}$

13) $\dfrac{3}{6}$ 14) $\dfrac{9}{9}$ 15) $\dfrac{5}{10}$ 16) $\dfrac{6}{12}$

17) $\dfrac{0}{5}$ 18) $\dfrac{7}{7}$ 19) $\dfrac{2}{2}$ 20) $\dfrac{9}{18}$

1. _____________
2. _____________
3. _____________
4. _____________
5. _____________
6. _____________
7. _____________
8. _____________
9. _____________
10. _____________
11. _____________
12. _____________
13. _____________
14. _____________
15. _____________
16. _____________
17. _____________
18. _____________
19. _____________
20. _____________

Determinare se le frazioni mostrate sono uguali a 0, 1/2 o 1

1) $\dfrac{6}{12}$

2) $\dfrac{9}{9}$

3) $\dfrac{7}{7}$

4) $\dfrac{0}{8}$

5) $\dfrac{8}{16}$

6) $\dfrac{0}{6}$

7) $\dfrac{0}{7}$

8) $\dfrac{5}{5}$

9) $\dfrac{0}{4}$

10) $\dfrac{8}{8}$

11) $\dfrac{3}{3}$

12) $\dfrac{5}{10}$

13) $\dfrac{0}{9}$

14) $\dfrac{3}{6}$

15) $\dfrac{0}{2}$

16) $\dfrac{6}{6}$

17) $\dfrac{7}{14}$

18) $\dfrac{0}{3}$

19) $\dfrac{4}{8}$

20) $\dfrac{9}{18}$

1. __________
2. __________
3. __________
4. __________
5. __________
6. __________
7. __________
8. __________
9. __________
10. __________
11. __________
12. __________
13. __________
14. __________
15. __________
16. __________
17. __________
18. __________
19. __________
20. __________

Determinare se le frazioni mostrate sono uguali a 0, 1/2 o 1

1) $\dfrac{4}{8}$	2) $\dfrac{5}{5}$	3) $\dfrac{9}{9}$	4) $\dfrac{7}{7}$
5) $\dfrac{0}{6}$	6) $\dfrac{9}{18}$	7) $\dfrac{0}{4}$	8) $\dfrac{8}{16}$
9) $\dfrac{3}{3}$	10) $\dfrac{5}{10}$	11) $\dfrac{2}{2}$	12) $\dfrac{7}{14}$
13) $\dfrac{6}{6}$	14) $\dfrac{0}{9}$	15) $\dfrac{6}{12}$	16) $\dfrac{0}{8}$
17) $\dfrac{4}{4}$	18) $\dfrac{0}{3}$	19) $\dfrac{0}{5}$	20) $\dfrac{3}{6}$

1. _______________
2. _______________
3. _______________
4. _______________
5. _______________
6. _______________
7. _______________
8. _______________
9. _______________
10. _______________
11. _______________
12. _______________
13. _______________
14. _______________
15. _______________
16. _______________
17. _______________
18. _______________
19. _______________
20. _______________

Determinare se le frazioni mostrate sono uguali a 0, 1/2 o 1

1) $\dfrac{3}{6}$ 2) $\dfrac{0}{5}$ 3) $\dfrac{0}{7}$ 4) $\dfrac{8}{16}$

5) $\dfrac{9}{18}$ 6) $\dfrac{4}{4}$ 7) $\dfrac{8}{8}$ 8) $\dfrac{6}{12}$

9) $\dfrac{5}{10}$ 10) $\dfrac{7}{14}$ 11) $\dfrac{5}{5}$ 12) $\dfrac{3}{3}$

13) $\dfrac{0}{4}$ 14) $\dfrac{2}{4}$ 15) $\dfrac{0}{2}$ 16) $\dfrac{0}{8}$

17) $\dfrac{9}{9}$ 18) $\dfrac{6}{6}$ 19) $\dfrac{0}{9}$ 20) $\dfrac{7}{7}$

1. _____________
2. _____________
3. _____________
4. _____________
5. _____________
6. _____________
7. _____________
8. _____________
9. _____________
10. _____________
11. _____________
12. _____________
13. _____________
14. _____________
15. _____________
16. _____________
17. _____________
18. _____________
19. _____________
20. _____________

Determinare se le frazioni mostrate sono uguali a 0, 1/2 o 1

1) $\dfrac{2}{4}$

2) $\dfrac{0}{2}$

3) $\dfrac{0}{7}$

4) $\dfrac{4}{4}$

5) $\dfrac{5}{10}$

6) $\dfrac{0}{3}$

7) $\dfrac{7}{14}$

8) $\dfrac{5}{5}$

9) $\dfrac{9}{9}$

10) $\dfrac{0}{9}$

11) $\dfrac{0}{5}$

12) $\dfrac{2}{2}$

13) $\dfrac{6}{6}$

14) $\dfrac{3}{6}$

15) $\dfrac{8}{8}$

16) $\dfrac{9}{18}$

17) $\dfrac{0}{4}$

18) $\dfrac{3}{3}$

19) $\dfrac{8}{16}$

20) $\dfrac{6}{12}$

1. __________
2. __________
3. __________
4. __________
5. __________
6. __________
7. __________
8. __________
9. __________
10. __________
11. __________
12. __________
13. __________
14. __________
15. __________
16. __________
17. __________
18. __________
19. __________
20. __________

Determinare se le frazioni mostrate sono uguali a 0, 1/2 o 1

1) $\dfrac{0}{6}$

2) $\dfrac{0}{8}$

3) $\dfrac{3}{6}$

4) $\dfrac{8}{8}$

5) $\dfrac{4}{8}$

6) $\dfrac{9}{18}$

7) $\dfrac{4}{4}$

8) $\dfrac{8}{16}$

9) $\dfrac{2}{2}$

10) $\dfrac{6}{6}$

11) $\dfrac{5}{10}$

12) $\dfrac{0}{4}$

13) $\dfrac{5}{5}$

14) $\dfrac{0}{9}$

15) $\dfrac{0}{3}$

16) $\dfrac{2}{4}$

17) $\dfrac{7}{7}$

18) $\dfrac{0}{7}$

19) $\dfrac{6}{12}$

20) $\dfrac{0}{2}$

1. _______________
2. _______________
3. _______________
4. _______________
5. _______________
6. _______________
7. _______________
8. _______________
9. _______________
10. _______________
11. _______________
12. _______________
13. _______________
14. _______________
15. _______________
16. _______________
17. _______________
18. _______________
19. _______________
20. _______________

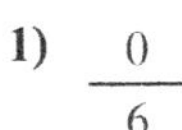

Determinare se le frazioni mostrate sono uguali a 0, 1/2 o 1

1) $\dfrac{0}{6}$

2) $\dfrac{6}{12}$

3) $\dfrac{0}{7}$

4) $\dfrac{3}{6}$

5) $\dfrac{0}{2}$

6) $\dfrac{6}{6}$

7) $\dfrac{4}{4}$

8) $\dfrac{9}{18}$

9) $\dfrac{7}{14}$

10) $\dfrac{9}{9}$

11) $\dfrac{8}{16}$

12) $\dfrac{3}{3}$

13) $\dfrac{0}{5}$

14) $\dfrac{5}{10}$

15) $\dfrac{7}{7}$

16) $\dfrac{0}{8}$

17) $\dfrac{0}{3}$

18) $\dfrac{0}{4}$

19) $\dfrac{5}{5}$

20) $\dfrac{4}{8}$

1. __________
2. __________
3. __________
4. __________
5. __________
6. __________
7. __________
8. __________
9. __________
10. __________
11. __________
12. __________
13. __________
14. __________
15. __________
16. __________
17. __________
18. __________
19. __________
20. __________

Determinare se le frazioni mostrate sono uguali a 0, 1/2 o 1

10

1) $\dfrac{6}{12}$ **2)** $\dfrac{7}{7}$ **3)** $\dfrac{0}{7}$ **4)** $\dfrac{8}{8}$

5) $\dfrac{6}{6}$ **6)** $\dfrac{0}{8}$ **7)** $\dfrac{2}{4}$ **8)** $\dfrac{0}{2}$

9) $\dfrac{3}{6}$ **10)** $\dfrac{0}{4}$ **11)** $\dfrac{0}{5}$ **12)** $\dfrac{5}{10}$

13) $\dfrac{5}{5}$ **14)** $\dfrac{0}{3}$ **15)** $\dfrac{3}{3}$ **16)** $\dfrac{8}{16}$

17) $\dfrac{9}{9}$ **18)** $\dfrac{4}{4}$ **19)** $\dfrac{9}{18}$ **20)** $\dfrac{0}{6}$

1. __________
2. __________
3. __________
4. __________
5. __________
6. __________
7. __________
8. __________
9. __________
10. __________
11. __________
12. __________
13. __________
14. __________
15. __________
16. __________
17. __________
18. __________
19. __________
20. __________

Determina quale scelta (s) mostra la forma suddivisa in modo che ogni pezzo abbia un'area uguale. Se nessuno scrive "none"

1) A. 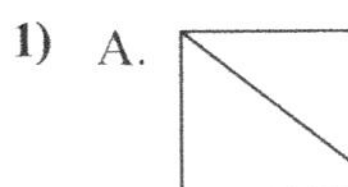   B.   C.   D.

2) A. 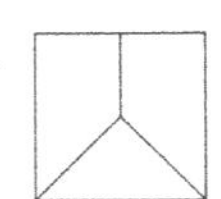   B.   C.   D.

3) A. 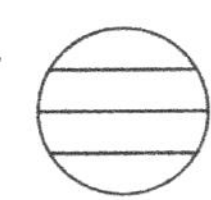   B.   C.   D.

4) A.    B.   C.   D.

5) A. 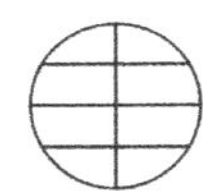   B.   C.   D.

6) A. 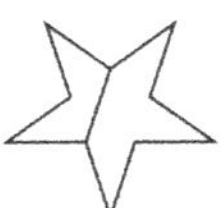   B.   C.   D.

7) A.    B.   C.   D.

8) A. 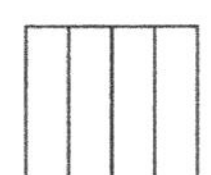   B.   C. 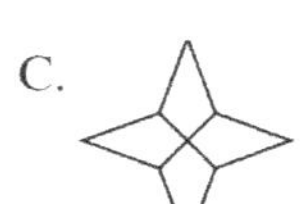   D.

1. __________
2. __________
3. __________
4. __________
5. __________
6. __________
7. __________
8. __________

Determina quale scelta (s) mostra la forma suddivisa in modo che ogni pezzo abbia un'area uguale. Se nessuno scrive "none"

1) A. 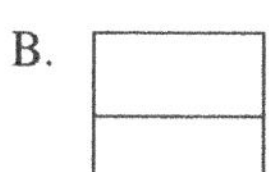 B. 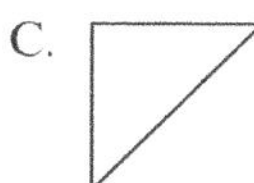 C.  D. 

2) A. 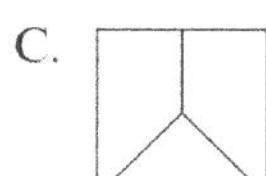 B.  C.  D. 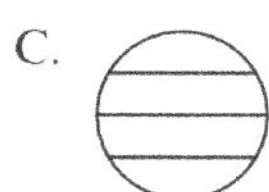

3) A. 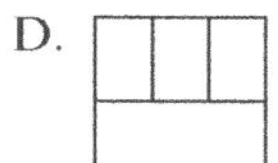 B.  C. 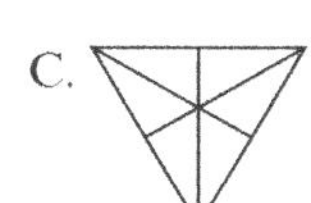 D. 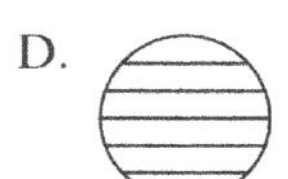

4) A. 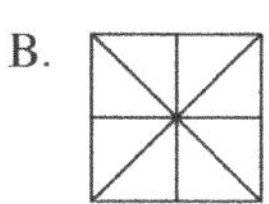 B. 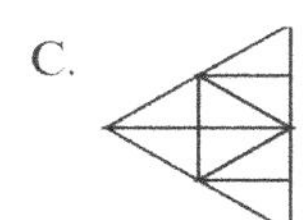 C.  D. 

5) A.  B. 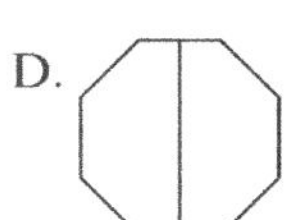 C. 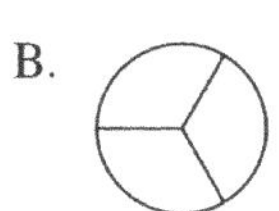 D. 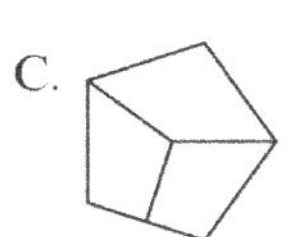

6) A.  B. 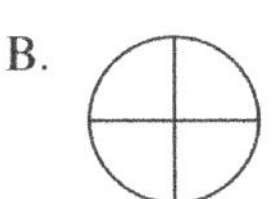 C. 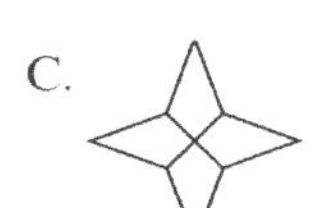 D. 

7) A. B. C. D.

8) A. B. C. D.

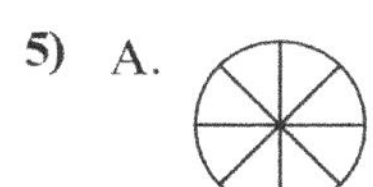

1. _______________
2. _______________
3. _______________
4. _______________
5. _______________
6. _______________
7. _______________
8. _______________

Determina quale scelta (s) mostra la forma suddivisa in modo che ogni pezzo abbia un'area uguale. Se nessuno scrive "none"

1) A. 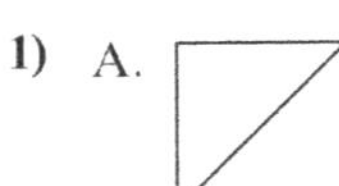 B. 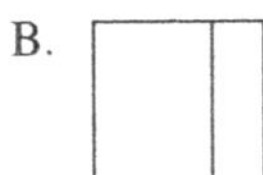 C.  D. 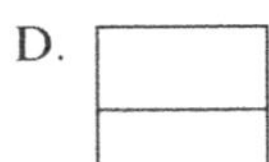

2) A. 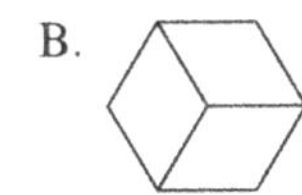 B.   C.   D.

3) A.  B.  C.   D. 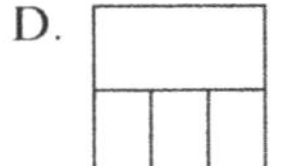

4) A. 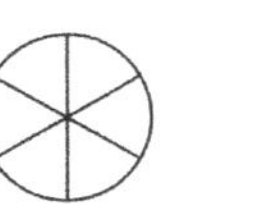 B.  C.  D. 

5) A.   B.  C. 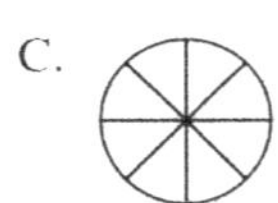 D. 

6) A. 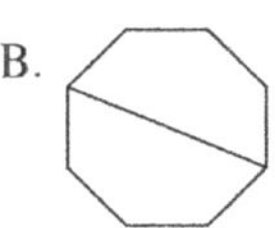 B. 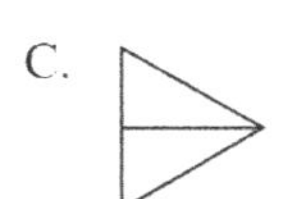 C.   D. 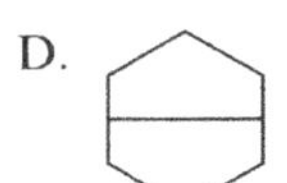

7) A. 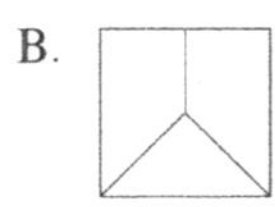 B.  C.   D. 

8) A.  B. 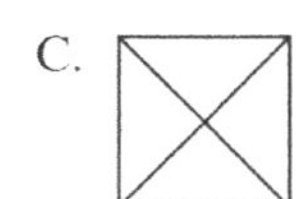 C.  D.

1. _______________

2. _______________

3. _______________

4. _______________

5. _______________

6. _______________

7. _______________

8. _______________

Determina quale scelta (s) mostra la forma suddivisa in modo che ogni pezzo abbia un'area uguale. Se nessuno scrive "none"

1) A. 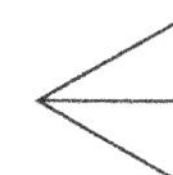 B. 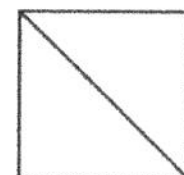 C. 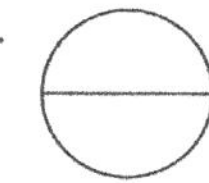 D. 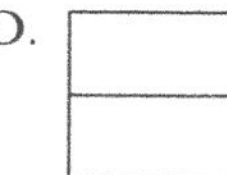

2) A.  B. 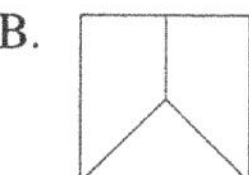 C. 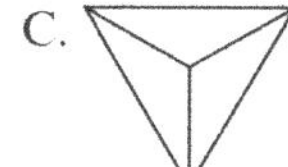 D. 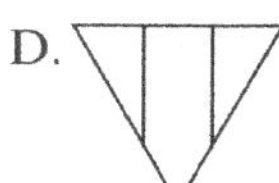

3) A.  B. 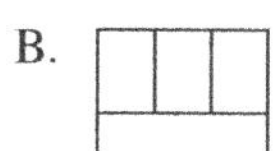 C. 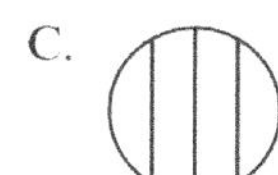 D. 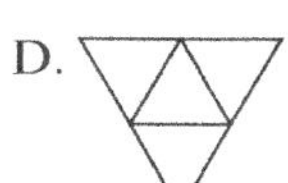

4) A.  B.  C. 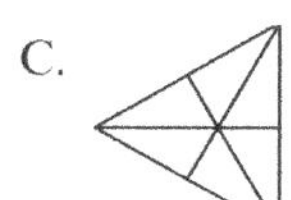 D. 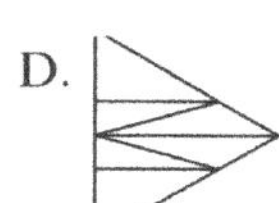

5) A. 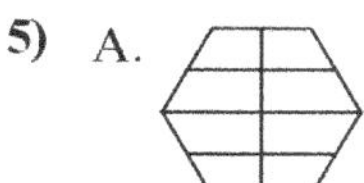 B.  C. 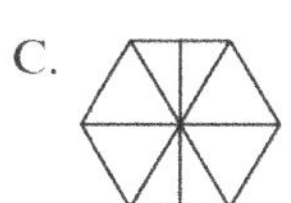 D. 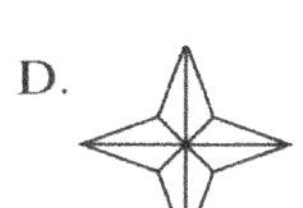

6) A.  B. 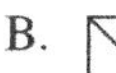 C.  D. 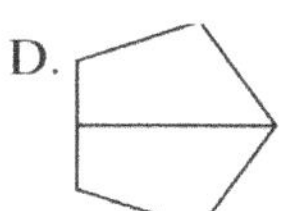

7) A.  B.  C. 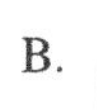 D. 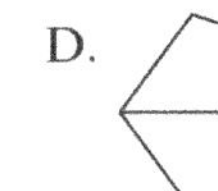

8) A.  B. 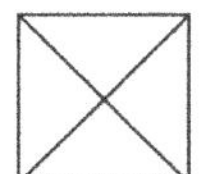 C. 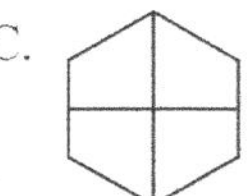 D. 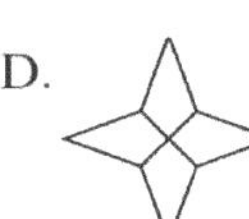

1. ______________

2. ______________

3. ______________

4. ______________

5. ______________

6. ______________

7. ______________

8. ______________

Determina quale scelta (s) mostra la forma suddivisa in modo che ogni pezzo abbia un'area uguale. Se nessuno scrive "none"

1) A. 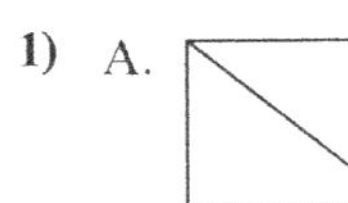 B.  C. 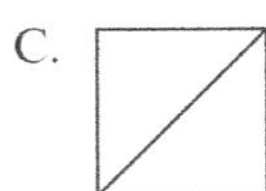 D. 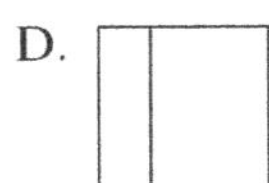

2) A. 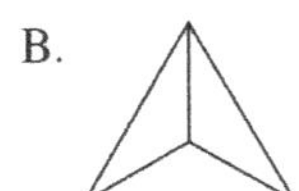 B.  C. 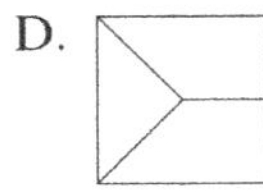 D.

3) A. 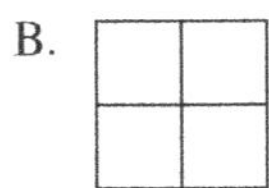 B.  C.  D.

4) A.  B. 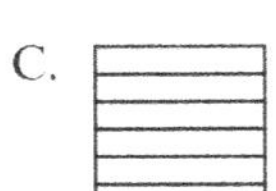 C. 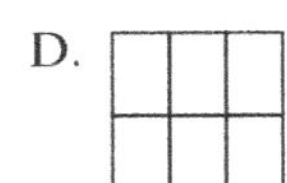 D.

5) A. 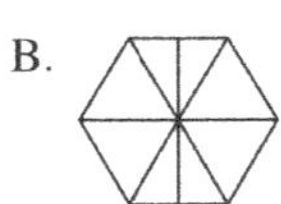 B.  C. 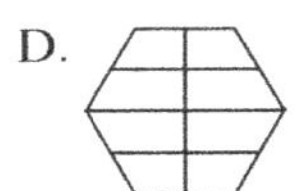 D.

6) A. 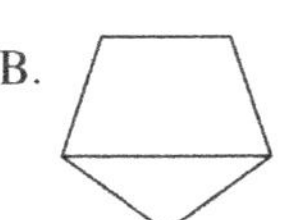 B.  C.  D.

7) A.  B. 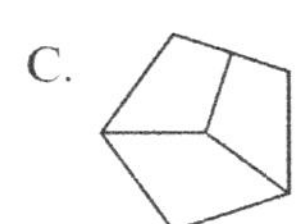 C. 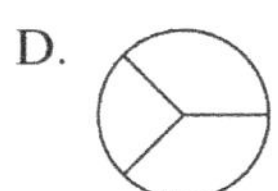 D.

8) A. 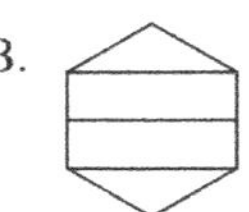 B.  C.  D.

1. __________
2. __________
3. __________
4. __________
5. __________
6. __________
7. __________
8. __________

Determina quale scelta (s) mostra la forma suddivisa in modo che ogni pezzo abbia un'area uguale. Se nessuno scrive "none"

16

1) A. 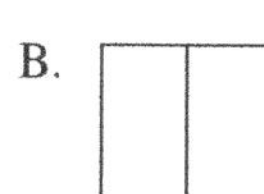   B. 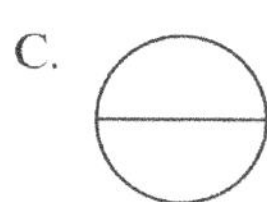   C. 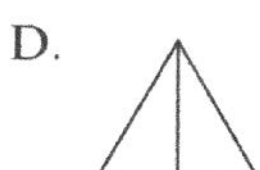   D.

2) A. 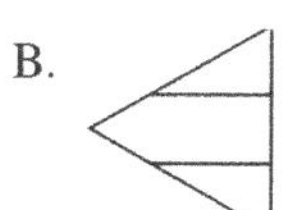   B. 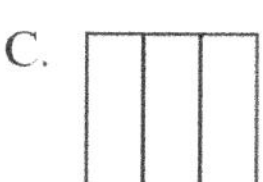   C.    D.

3) A. 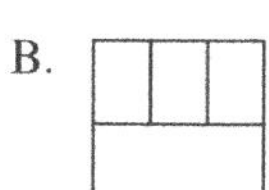   B.    C. 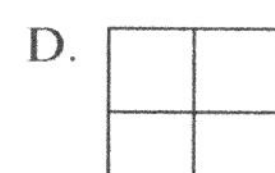   D.

4) A.   B.   C.    D. 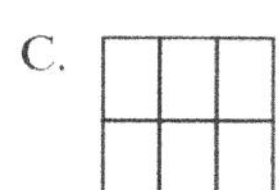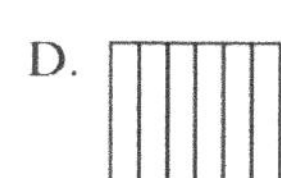

5) A. 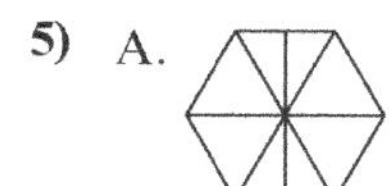   B.    C. 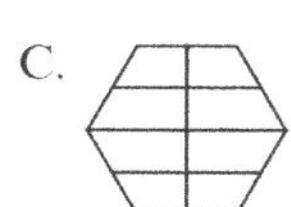   D. 

6) A.    B. 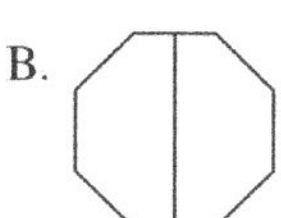   C. 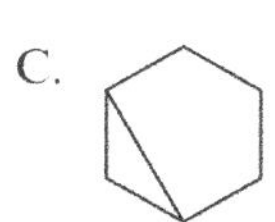   D. 

7) A. 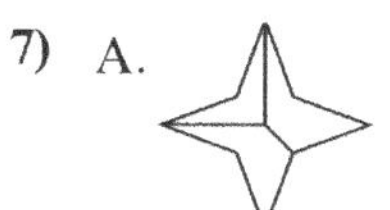   B. 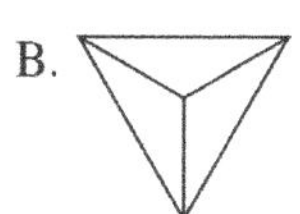   C. 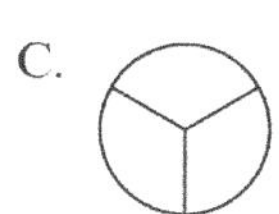   D. 

8) A. 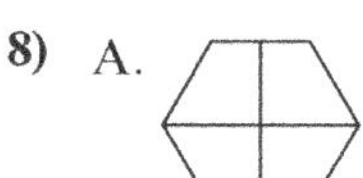   B. 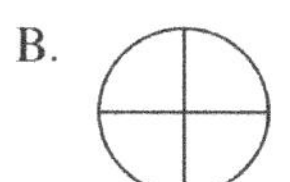   C. 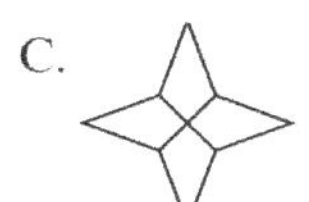   D.

1. ______________

2. ______________

3. ______________

4. ______________

5. ______________

6. ______________

7. ______________

8. ______________

Determina quale scelta (s) mostra la forma suddivisa in modo che ogni pezzo abbia un'area uguale. Se nessuno scrive "none"

1) A. 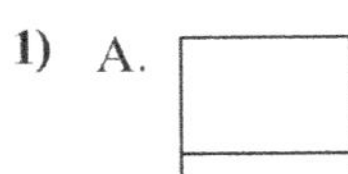   B.    C.    D. 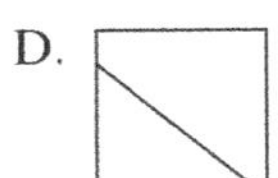

2) A.    B.    C. 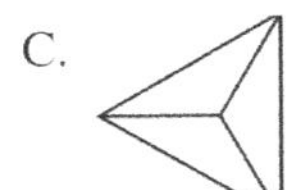   D. 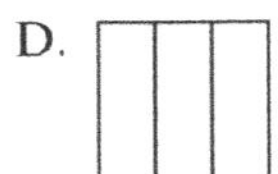

3) A.    B.    C. 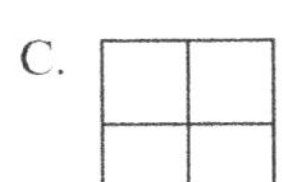   D. 

4) A. 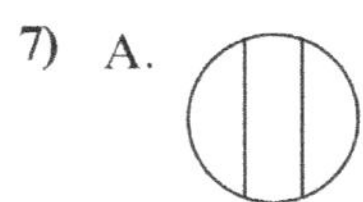   B. 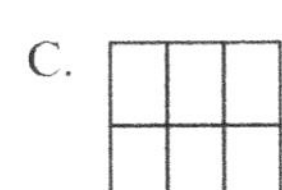   C.    D. 

5) A. 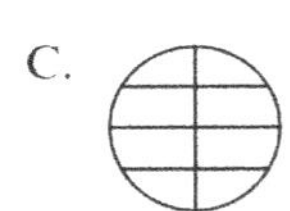   B. 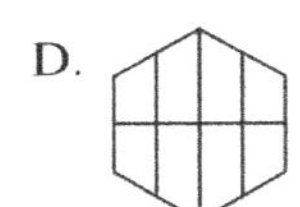   C. 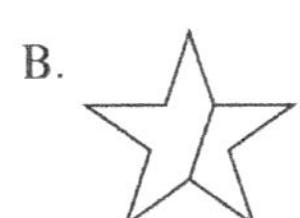   D. 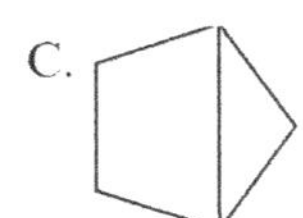

6) A. 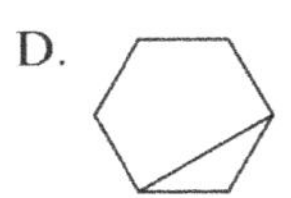   B. 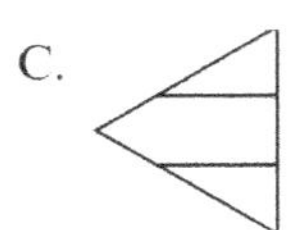   C. 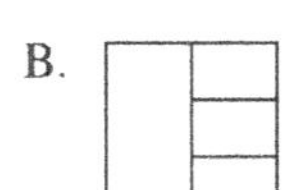   D. 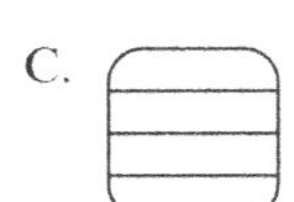

7) A.   B.   C.   D.

8) A.   B.   C.   D.

1. _______

2. _______

3. _______

4. _______

5. _______

6. _______

7. _______

8. _______

Determina quale scelta (s) mostra la forma suddivisa in modo che ogni pezzo abbia un'area uguale. Se nessuno scrive "none"

1) A. 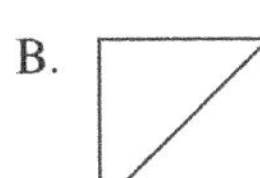   B. 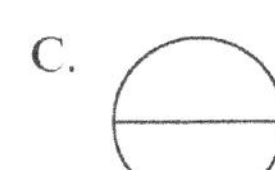   C. 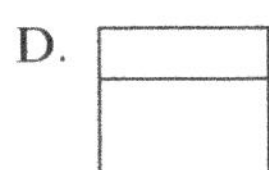   D.

2) A.    B.   C.   D.

3) A. 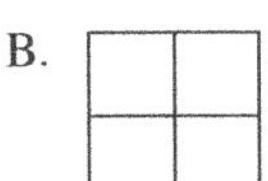   B. 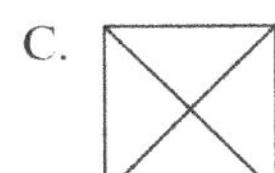   C. 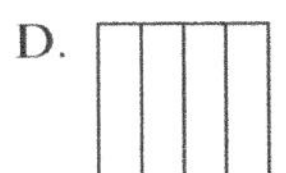   D.

4) A.    B.    C. 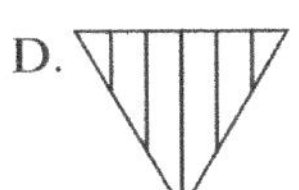   D.

5) A.    B.    C. 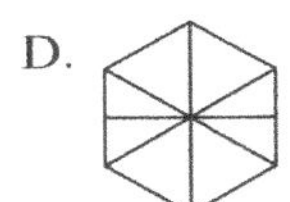   D.

6) A. 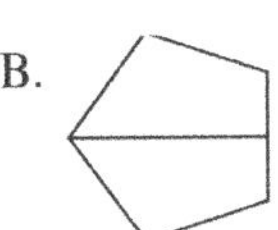   B. 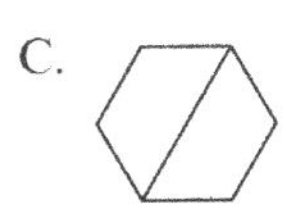   C.    D.

7) A. 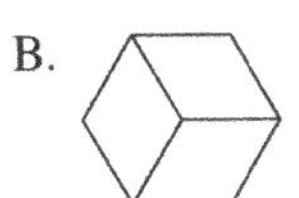   B. 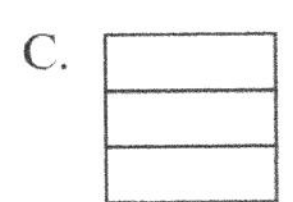   C. 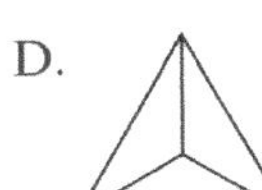   D.

8) A.    B. 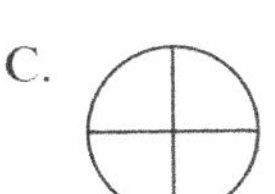   C.   D.

1. ______________

2. ______________

3. ______________

4. ______________

5. ______________

6. ______________

7. ______________

8. ______________

Determina quale scelta (s) mostra la forma suddivisa in modo che ogni pezzo abbia un'area uguale. Se nessuno scrive "none"

1) A. 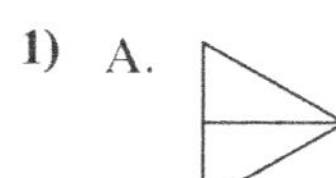   B.    C. 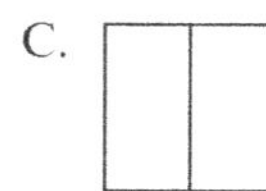   D. 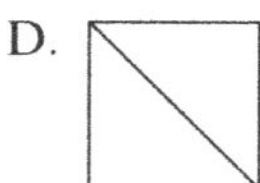

2) A. 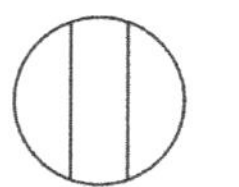   B.   C. 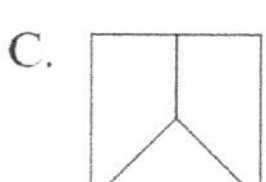   D.

3) A. 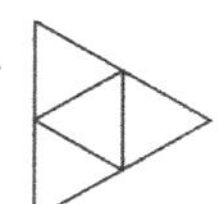   B.   C.    D.

4) A. 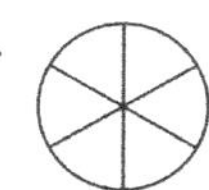   B. 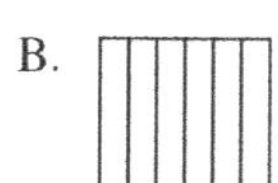   C.    D. 

5) A.   B. 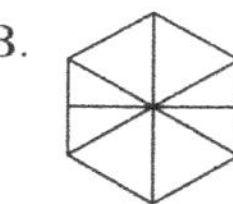   C. 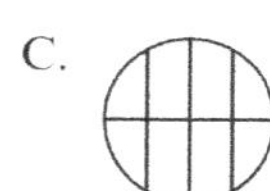   D. 

6) A.   B.    C. 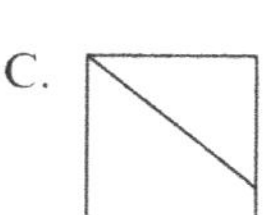   D. 

7) A.   B.    C. 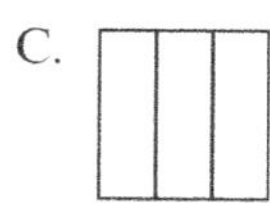   D. 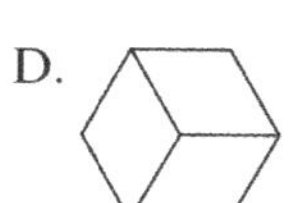

8) A.   B.    C.    D. 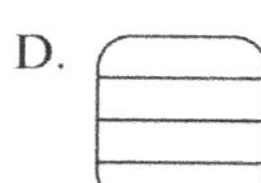

1. ___________

2. ___________

3. ___________

4. ___________

5. ___________

6. ___________

7. ___________

8. ___________

Determina quale scelta (s) mostra la forma suddivisa in modo che ogni pezzo abbia un'area uguale. Se nessuno scrive "none"

1) A. 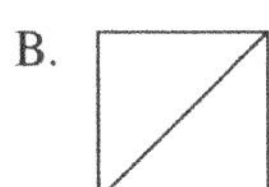   B. 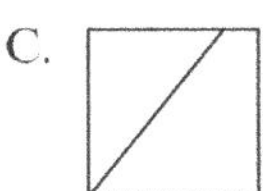   C. 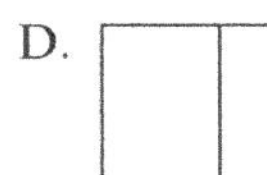   D.

1. __________

2. __________

2) A. 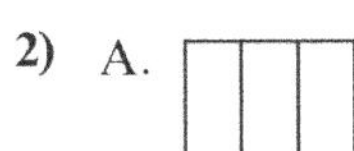   B. 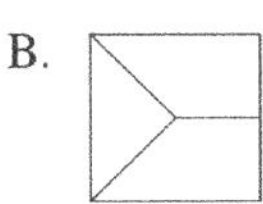   C. 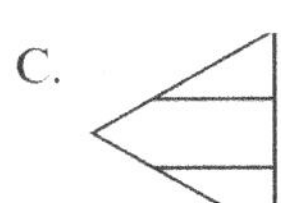   D. 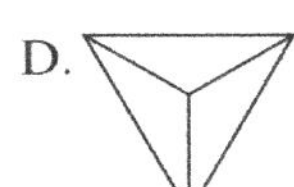

3. __________

4. __________

3) A. 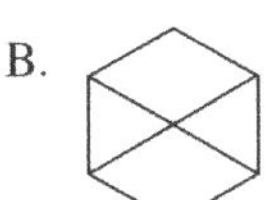   B.    C. 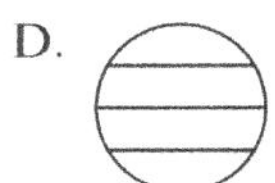   D.

5. __________

6. __________

4) A.    B.    C. 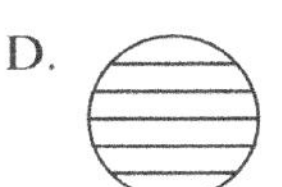   D.

7. __________

8. __________

5) A. 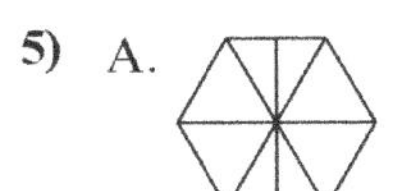   B. 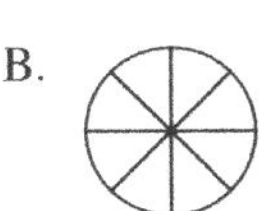   C. 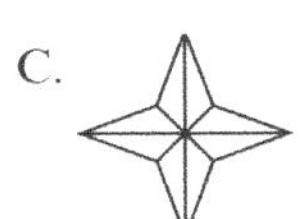   D. 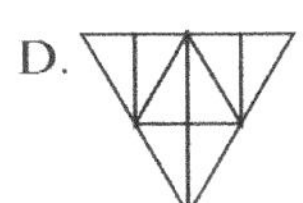

6) A. 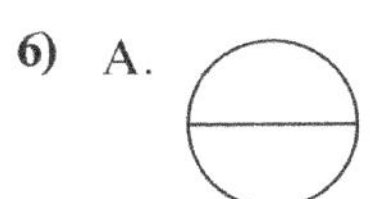   B. 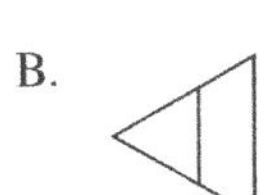   C. 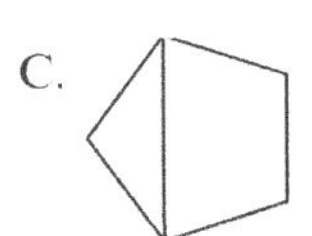   D. 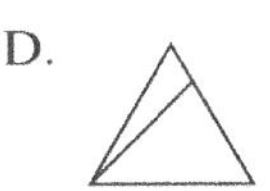

7) A. 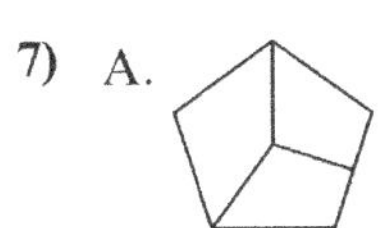   B. 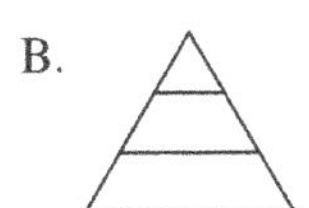   C. 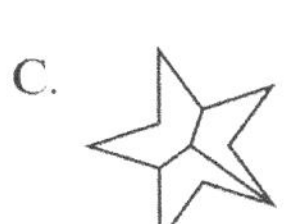   D. 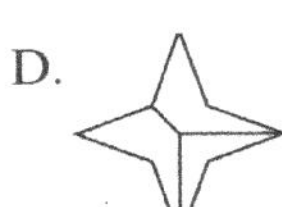

8) A. 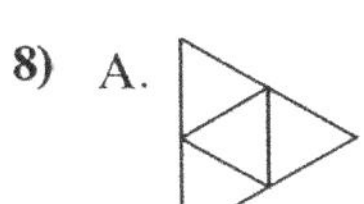   B. 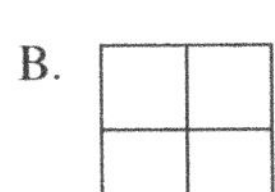   C.    D.

Scrivi l'importo ombreggiato come una frazione dell'intero importo

1) 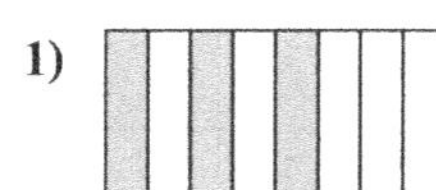

2) 

3) 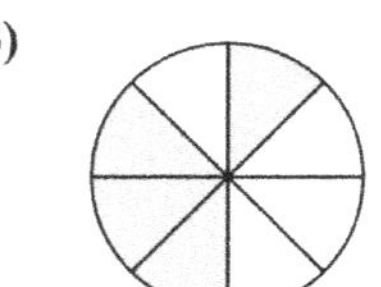

4) 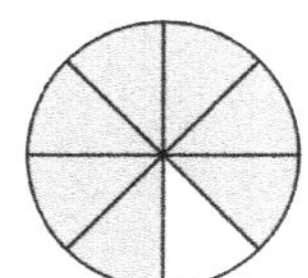

5) 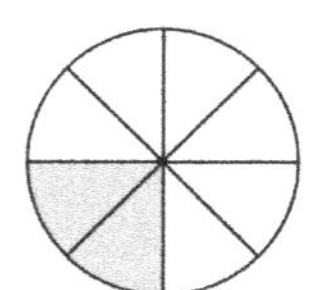

6) 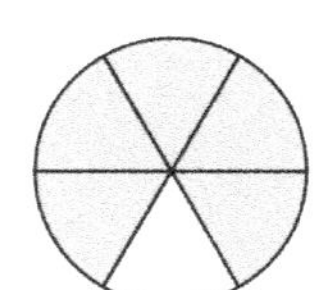

7) 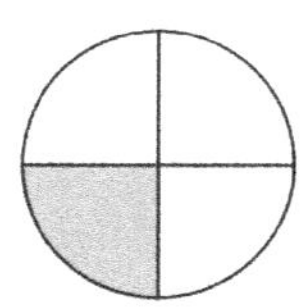

8) 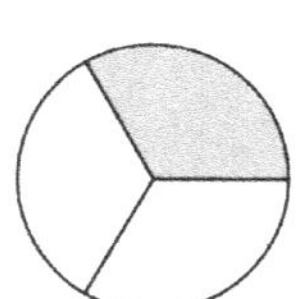

9) 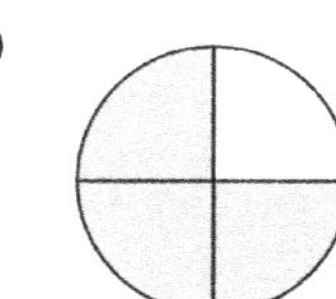

10) 

11) 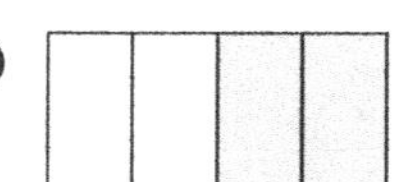

12) 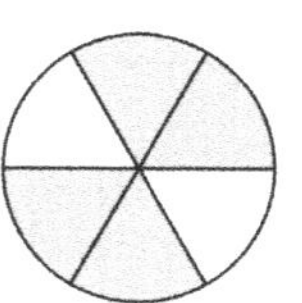

13) 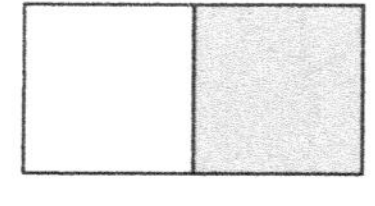

14) 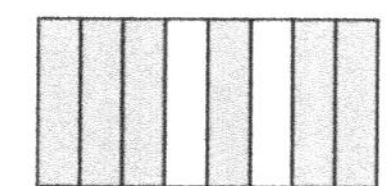

15) 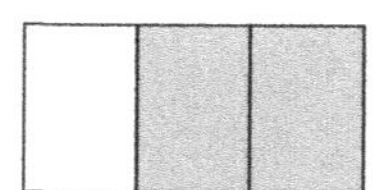

16) 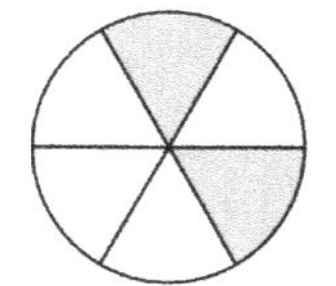

17)

18)

1. _______________

2. _______________

3. _______________

4. _______________

5. _______________

6. _______________

7. _______________

8. _______________

9. _______________

10. _______________

11. _______________

12. _______________

13. _______________

14. _______________

15. _______________

16. _______________

17. _______________

18. _______________

Scrivi l'importo ombreggiato come una frazione dell'intero importo

22

1)
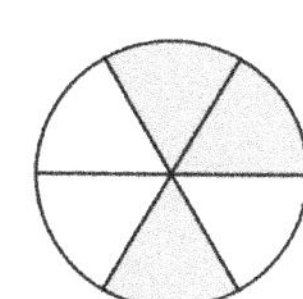

2)
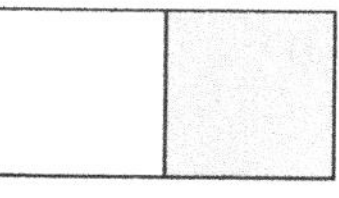

3)
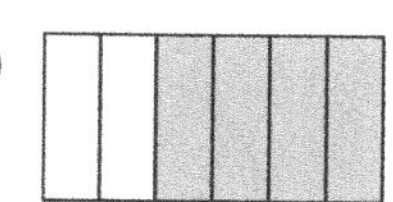

4)
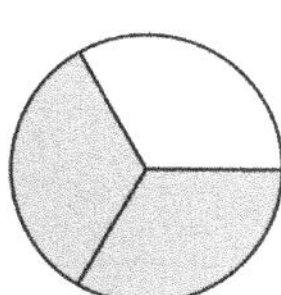

5)
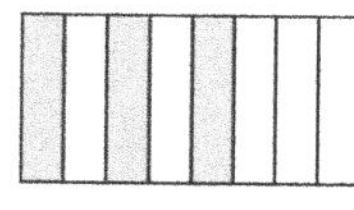

6)
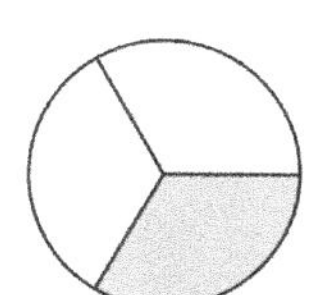

7)
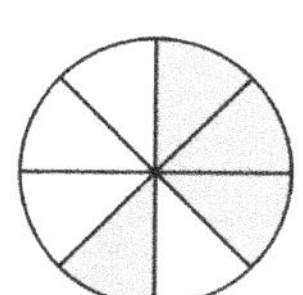

8)
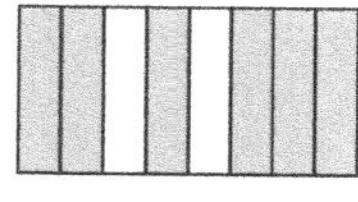

9)
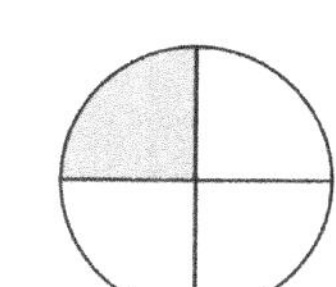

10)
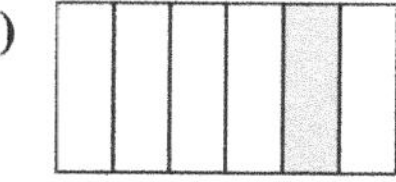

11)
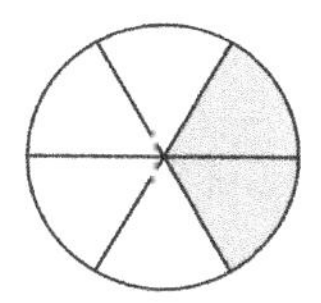

12)
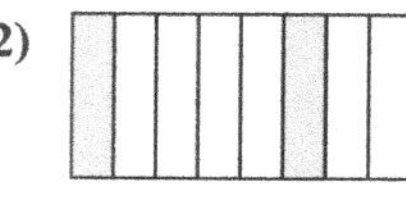

13)
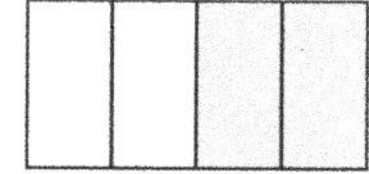

14)
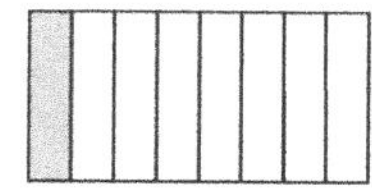

15)
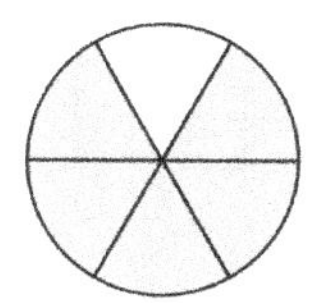

16)

17)
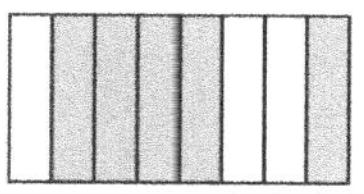

18)
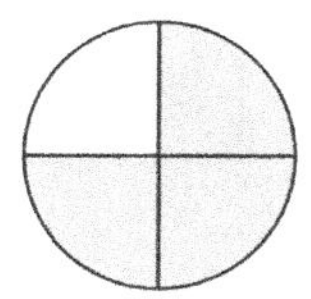

1. __________
2. __________
3. __________
4. __________
5. __________
6. __________
7. __________
8. __________
9. __________
10. __________
11. __________
12. __________
13. __________
14. __________
15. __________
16. __________
17. __________
18. __________

Scrivi l'importo ombreggiato come una frazione dell'intero importo

1) 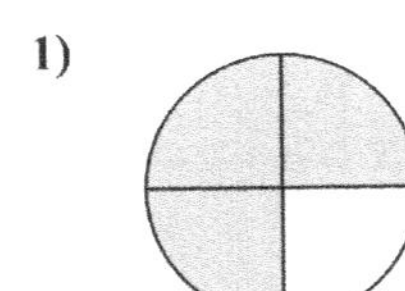

2) 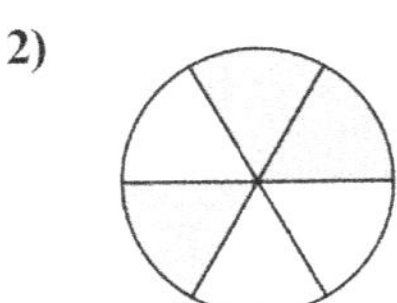

3) 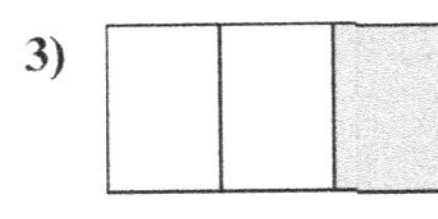

4) 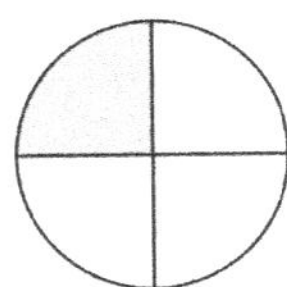

5) 

6) 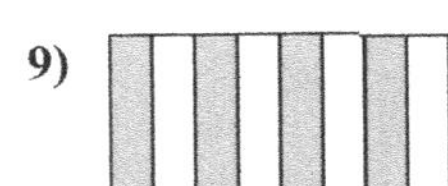

7) 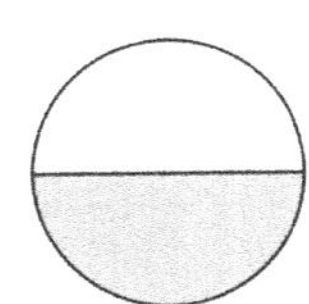

8) 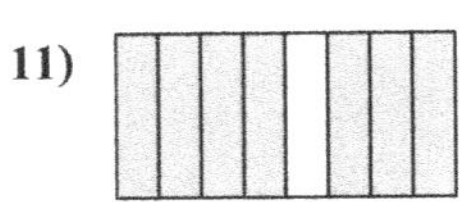

9) 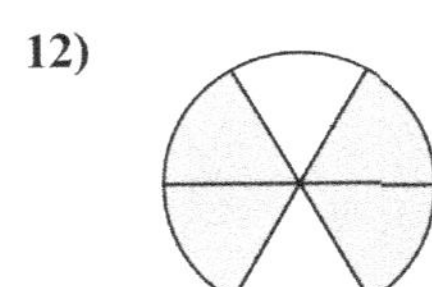

10) 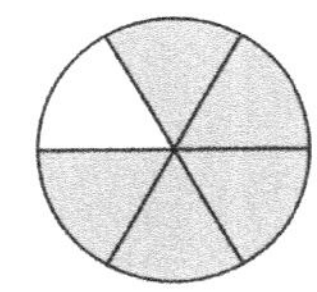

11) 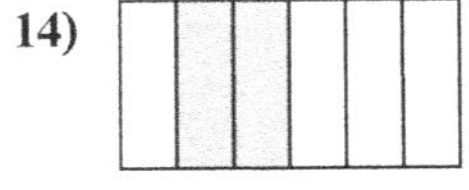

12) 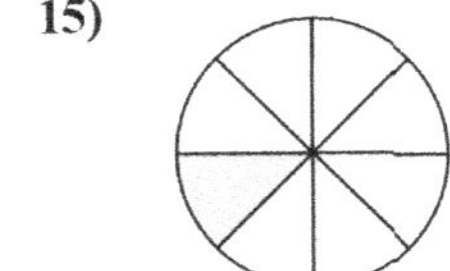

13) 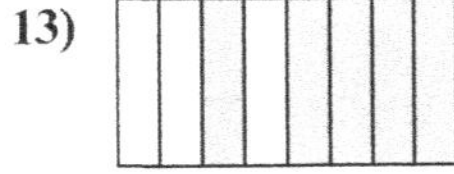

14)

15)

16) 

17) 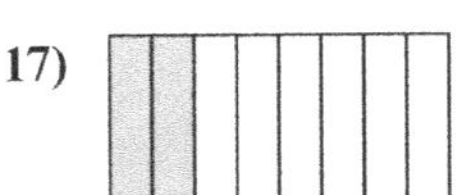

18) 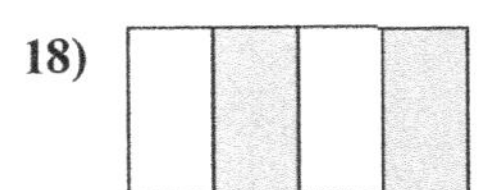

1. _______________
2. _______________
3. _______________
4. _______________
5. _______________
6. _______________
7. _______________
8. _______________
9. _______________
10. _______________
11. _______________
12. _______________
13. _______________
14. _______________
15. _______________
16. _______________
17. _______________
18. _______________

Scrivi l'importo ombreggiato come una frazione dell'intero importo

1) 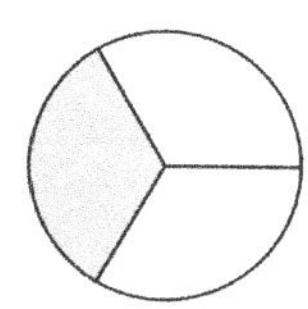

2) 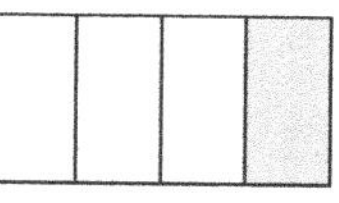

3) 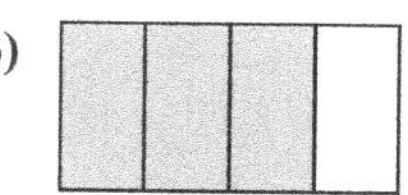

4) 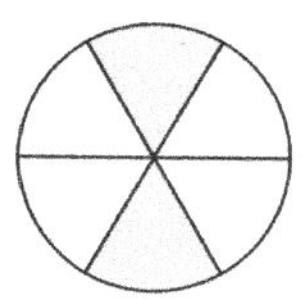

5) 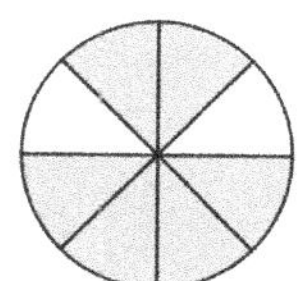

6) 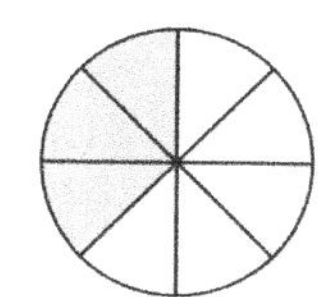

7) 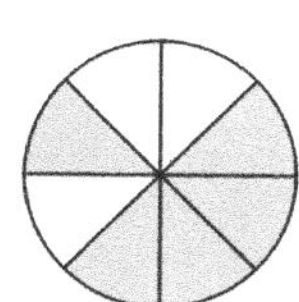

8) 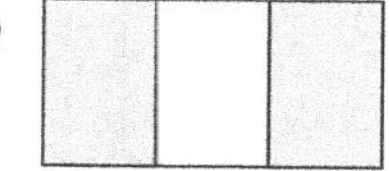

9) 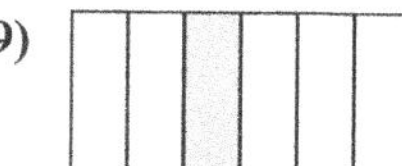

10) 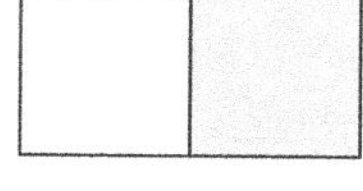

11) 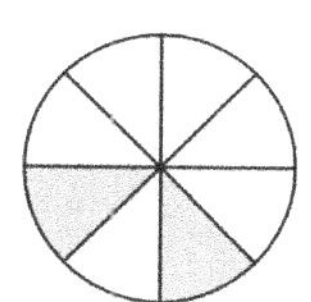

12) 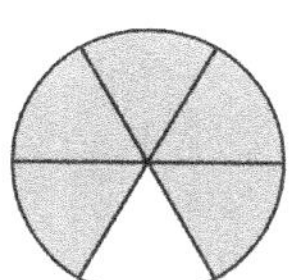

13) 

14) 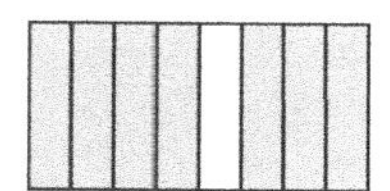

15) 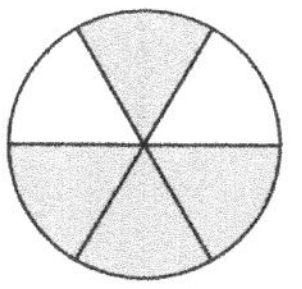

16) 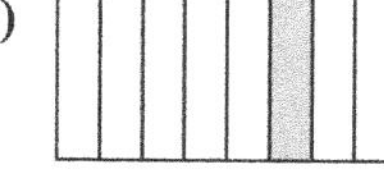

17) 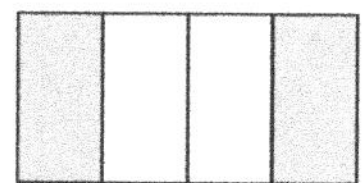

18) 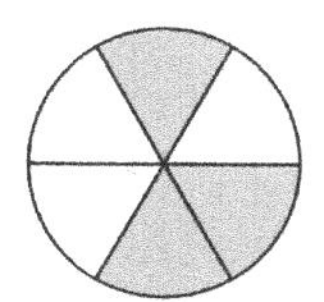

1. __________
2. __________
3. __________
4. __________
5. __________
6. __________
7. __________
8. __________
9. __________
10. __________
11. __________
12. __________
13. __________
14. __________
15. __________
16. __________
17. __________
18. __________

Scrivi l'importo ombreggiato come una frazione dell'intero importo

1) 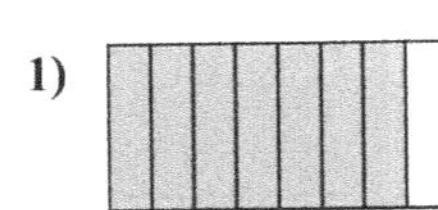   2) 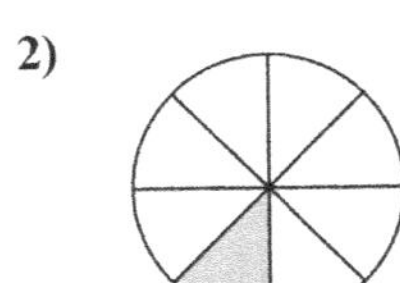   3) 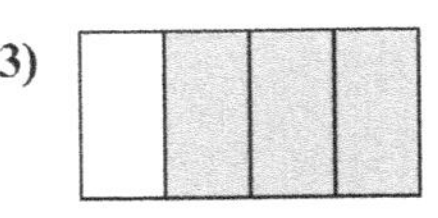

4)   5) 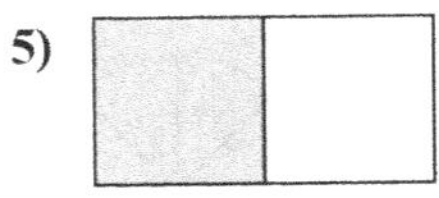   6) 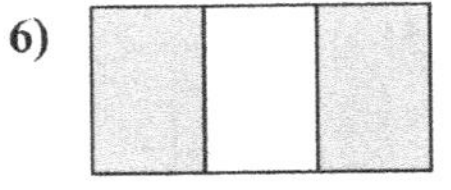

7)   8) 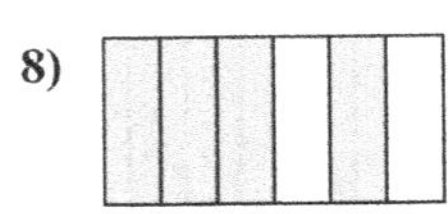   9) 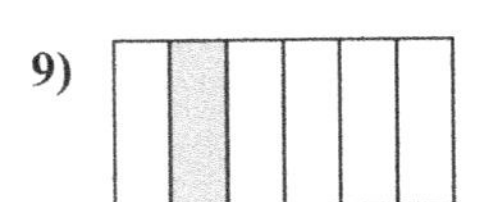

10)   11)   12) 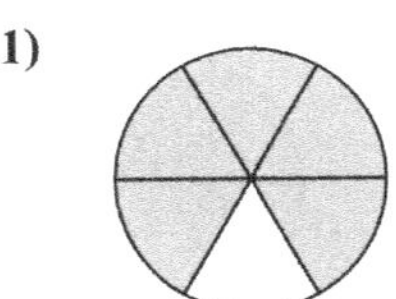

13)   14)   15) 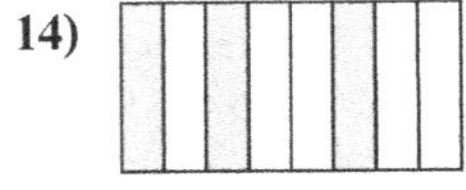 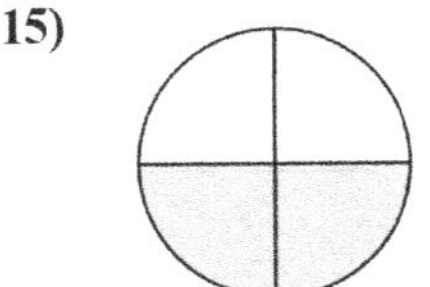

16)   17) 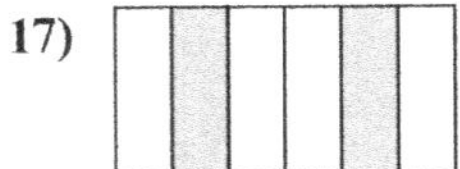   18) 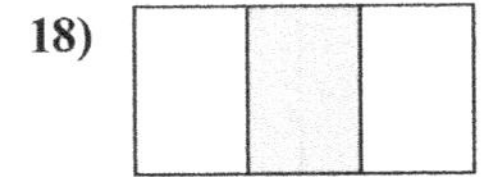

1. _______________
2. _______________
3. _______________
4. _______________
5. _______________
6. _______________
7. _______________
8. _______________
9. _______________
10. _______________
11. _______________
12. _______________
13. _______________
14. _______________
15. _______________
16. _______________
17. _______________
18. _______________

Scrivi l'importo ombreggiato come una frazione dell'intero importo

1) 

2) 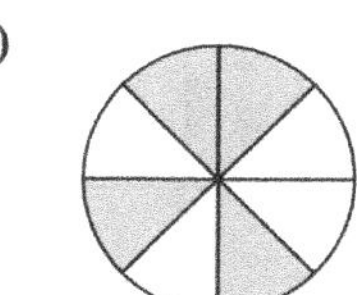

3) 

4) 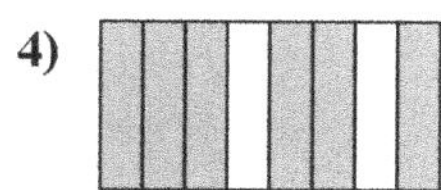

5) 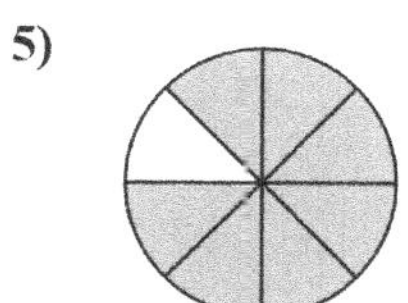

6) 

7) 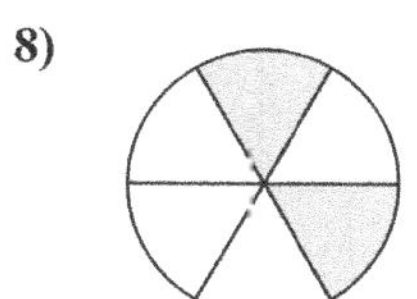

8) 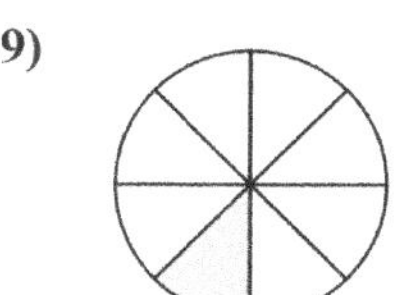

9) 

10) 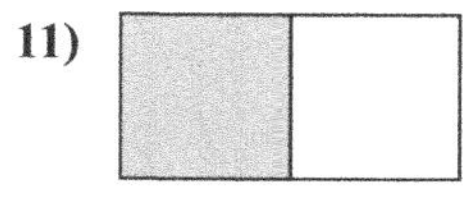

11) 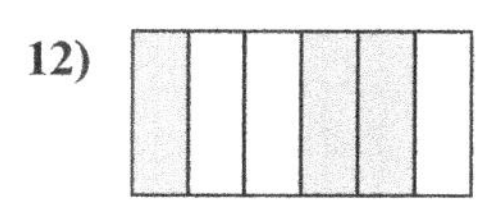

12) 

13) 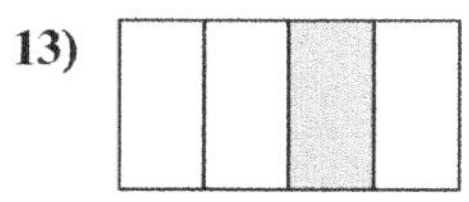

14) 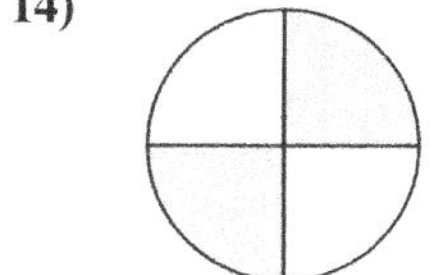

15) 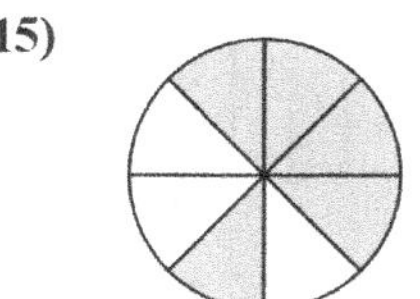

16) 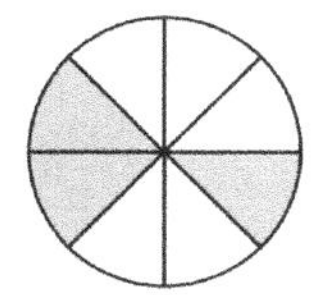

17) 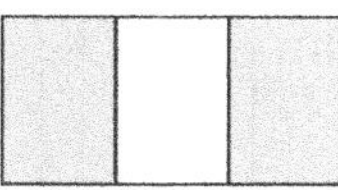

18) 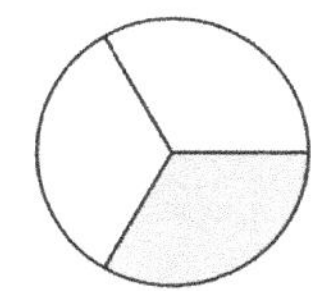

1. _______________

2. _______________

3. _______________

4. _______________

5. _______________

6. _______________

7. _______________

8. _______________

9. _______________

10. _______________

11. _______________

12. _______________

13. _______________

14. _______________

15. _______________

16. _______________

17. _______________

18. _______________

Scrivi l'importo ombreggiato come una frazione dell'intero importo

1) 2) 3)

4) 5) 6)

7) 8) 9)

10) 11) 12)

13) 14) 15)

16) 17) 18)

1. ___________
2. ___________
3. ___________
4. ___________
5. ___________
6. ___________
7. ___________
8. ___________
9. ___________
10. ___________
11. ___________
12. ___________
13. ___________
14. ___________
15. ___________
16. ___________
17. ___________
18. ___________

Scrivi l'importo ombreggiato come una frazione dell'intero importo

1) 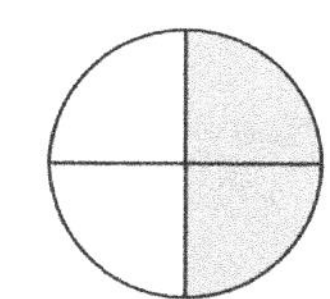

2) 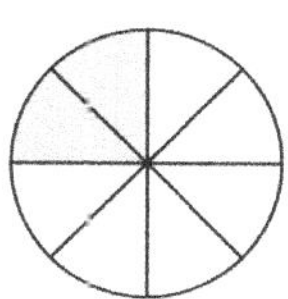

3) 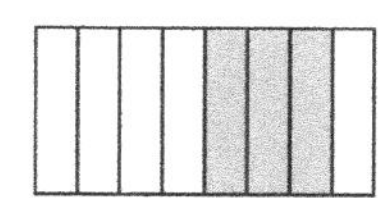

4) 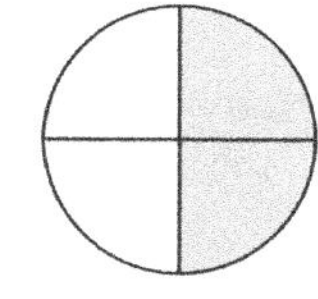

5) 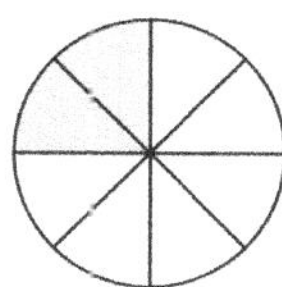

6) 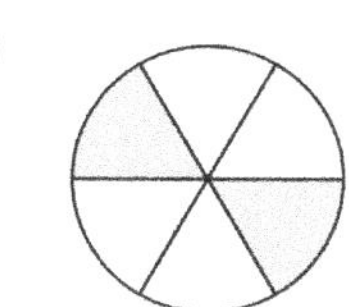

7) 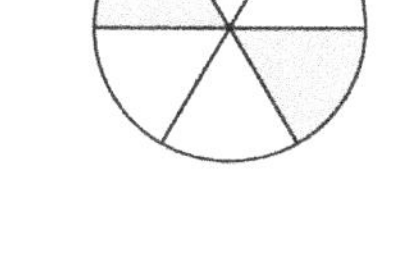

8) 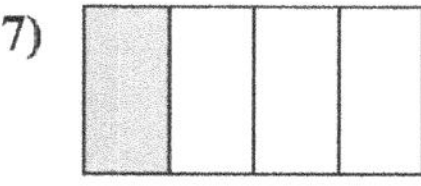

9) 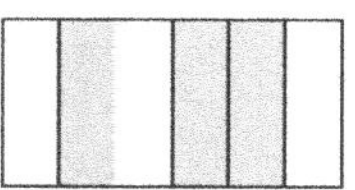

10) 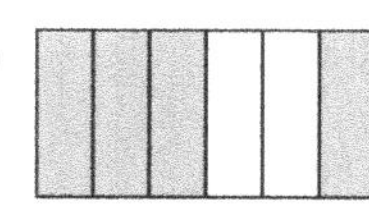

11) 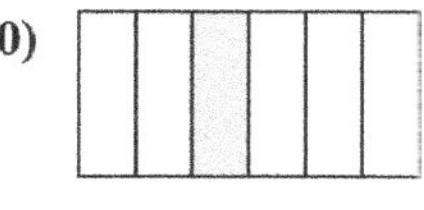

12) 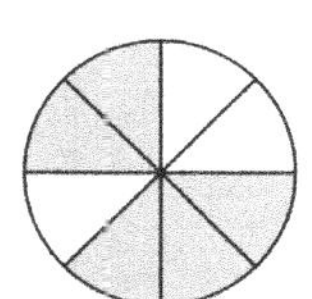

13) 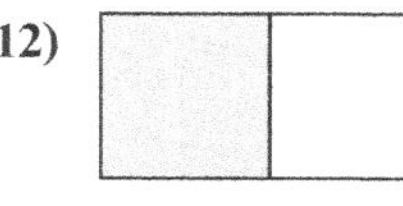

14) 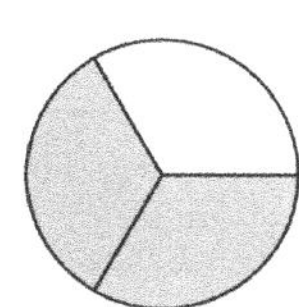

15) 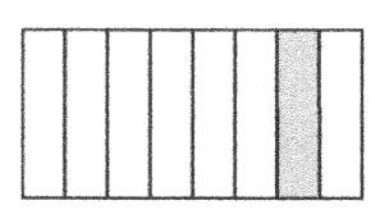

16) 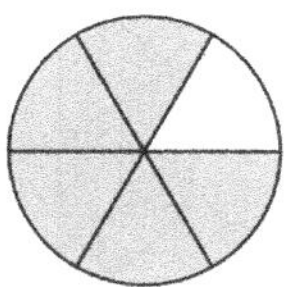

17) 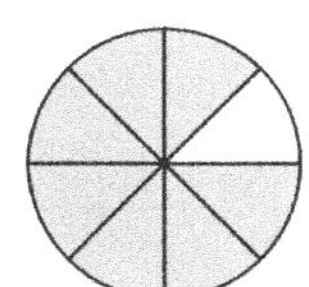

18) 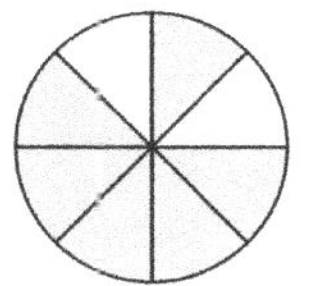

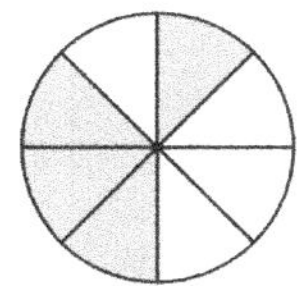

1. _______________

2. _______________

3. _______________

4. _______________

5. _______________

6. _______________

7. _______________

8. _______________

9. _______________

10. _______________

11. _______________

12. _______________

13. _______________

14. _______________

15. _______________

16. _______________

17. _______________

18. _______________

Scrivi l'importo ombreggiato come una frazione dell'intero importo

1) 

2) 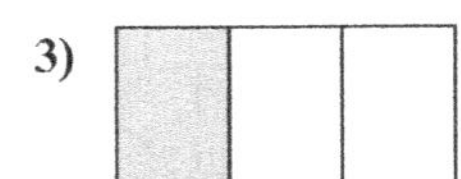

3) 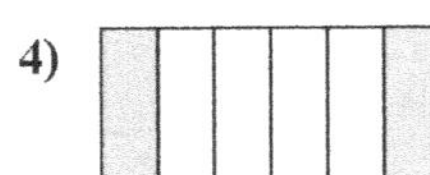

4) 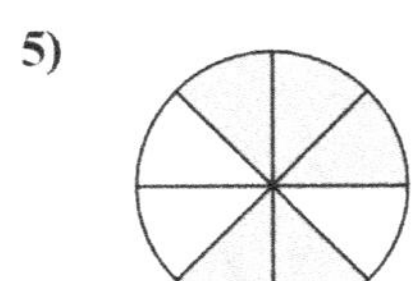

5) 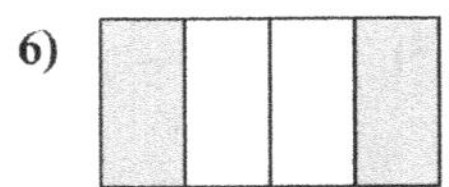

6) 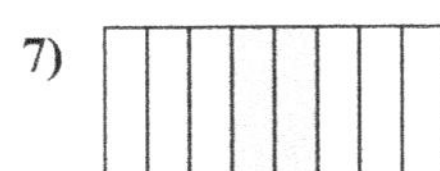

7) 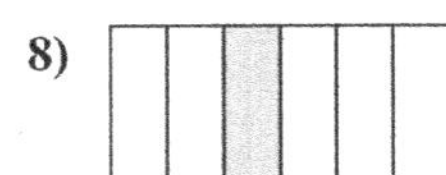

8) 

9) 

10) 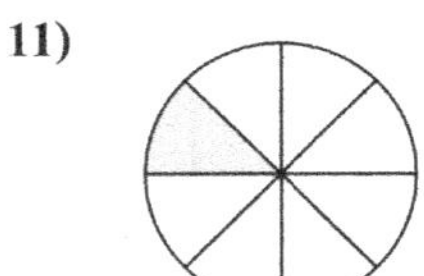

11) 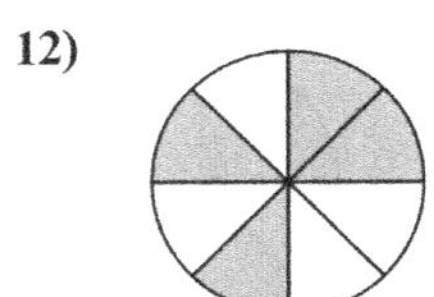

12) 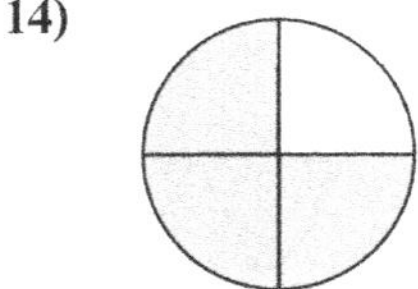

13) 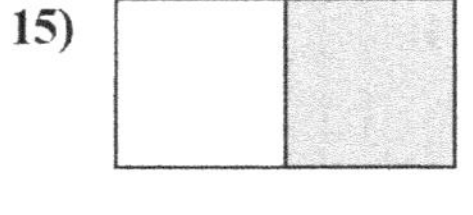

14) 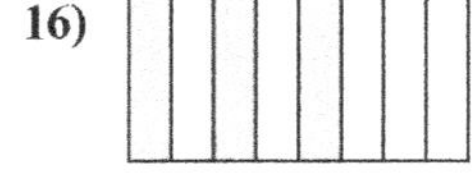

15) 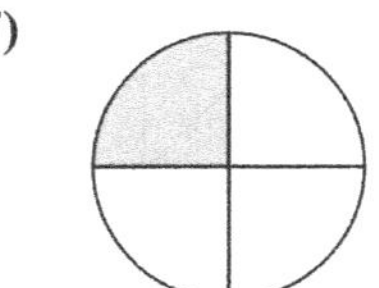

16) 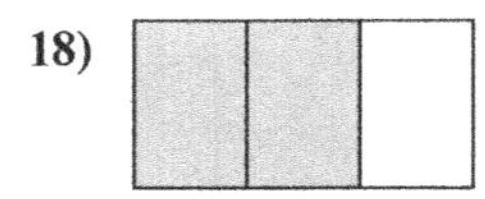

17)

18)

1. _____________

2. _____________

3. _____________

4. _____________

5. _____________

6. _____________

7. _____________

8. _____________

9. _____________

10. _____________

11. _____________

12. _____________

13. _____________

14. _____________

15. _____________

16. _____________

17. _____________

18. _____________

Scrivi l'importo ombreggiato come una frazione dell'intero importo

1) 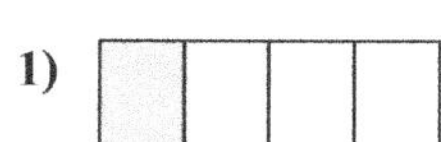

2) 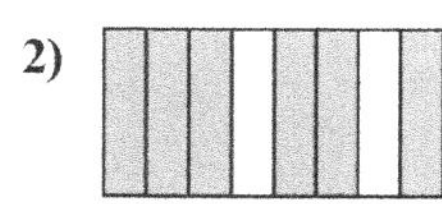

3) 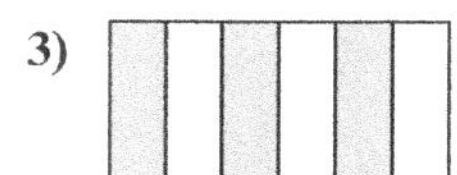

4) 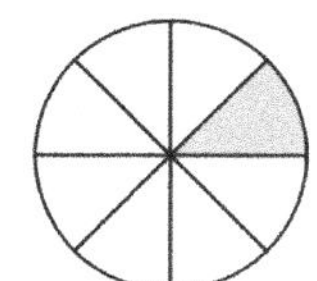

5)

6)

7) 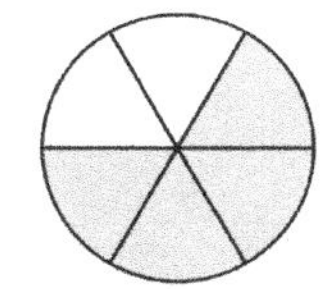

8) 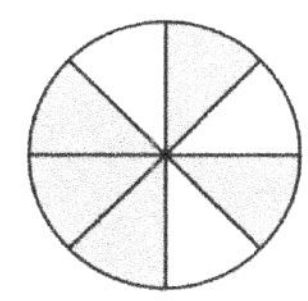

9) 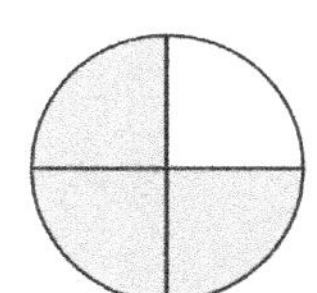

10) 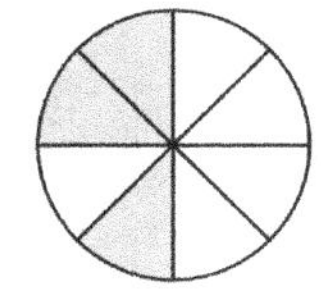

11) 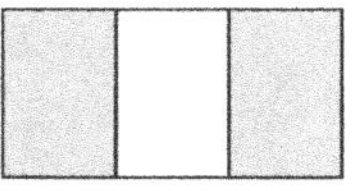

12) 

13) 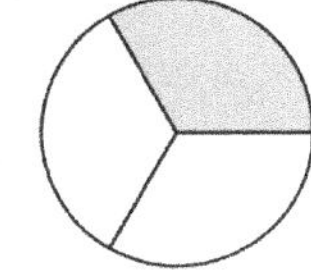

14) 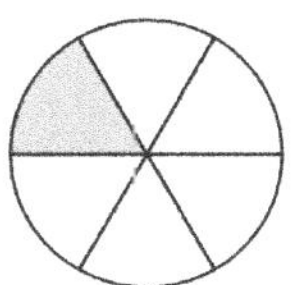

15) 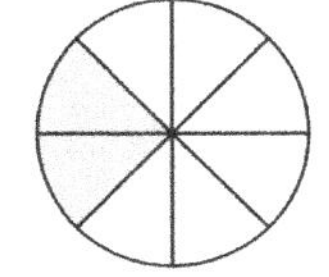

16)

17)

18)

1. _______________

2. _______________

3. _______________

4. _______________

5. _______________

6. _______________

7. _______________

8. _______________

9. _______________

10. _______________

11. _______________

12. _______________

13. _______________

14. _______________

15. _______________

16. _______________

17. _______________

18. _______________

DECIMALI

Scrivi il simbolo Corretto di confronto (>, < o =)

1) 1.41 ☐ 1.41	11) 7.8 ☐ 7.79
2) -7.3 ☐ -7.34	12) 4.05 ☐ 0.405
3) 1.87 ☐ 0.187	13) -7.77 ☐ -0.777
4) -6.54 ☐ -6.56	14) 1.29 ☐ 1.25
5) 7.48 ☐ 7.42	15) -5.14 ☐ -5.14
6) -0.64 ☐ -0.064	16) 7.07 ☐ 0.707
7) -7.09 ☐ -7.13	17) 0.57 ☐ 0.53
8) -9.8 ☐ -9.85	18) 1.45 ☐ 0.145
9) -4.37 ☐ -4.39	19) -2.96 ☐ -0.296
10) 10 ☐ 1	20) -3.36 ☐ -3.37

Scrivi il simbolo Corretto di confronto (>, < o =)

1) -9.61 ☐ -0.961	11) 5.7 ☐ 5.68
2) -6.5 ☐ -0.65	12) -3.74 ☐ -3.75
3) -5.16 ☐ -5.18	13) -0.4 ☐ -0.04
4) -2.24 ☐ -2.24	14) 7.19 ☐ 7.23
5) 0.86 ☐ 0.086	15) 2.04 ☐ 2.08
6) 8.23 ☐ 0.823	16) -9.82 ☐ -0.982
7) 1.06 ☐ 1.14	17) 6.35 ☐ 6.29
8) 5.35 ☐ 5.42	18) -9.46 ☐ -0.946
9) 3.37 ☐ 0.337	19) 3.32 ☐ 3.35
10) -0.49 ☐ -0.51	20) -8.52 ☐ -8.59

1) 6.23 ☐ 6.26

2) -5.11 ☐ -0.511

3) 8.7 ☐ 0.87

4) 0.39 ☐ 0.039

5) -2.62 ☐ -0.262

6) -4.22 ☐ -4.15

7) 9.9 ☐ 9.9

8) 0.41 ☐ 0.41

9) 2 ☐ 0.2

10) -2.47 ☐ -2.51

11) 5.15 ☐ 5.12

12) 4.88 ☐ 0.488

13) 8.48 ☐ 8.56

14) -6.55 ☐ -6.57

15) -3.22 ☐ -3.22

16) -2.96 ☐ -0.296

17) -9.09 ☐ -9.12

18) -0.46 ☐ -0.38

19) -6.59 ☐ -6.67

20) 2.17 ☐ 0.217

Scrivi il simbolo Corretto di confronto (>, < o =)

1) -5.01	☐	-4.99	11) 8.57	☐	8.55
2) -6.89	☐	-0.689	12) -1.45	☐	-0.145
3) 2.97	☐	2.95	13) -3.13	☐	-0.313
4) 7.88	☐	0.788	14) -6.81	☐	-6.82
5) 7.38	☐	7.35	15) 8.38	☐	8.37
6) -0.87	☐	-0.087	16) -8.46	☐	-8.54
7) 3.68	☐	0.368	17) -0.68	☐	-0.67
8) 8.35	☐	8.35	18) 7.4	☐	0.74
9) 8.72	☐	0.872	19) -5.79	☐	-5.71
10) 3.56	☐	3.58	20) -5.73	☐	-5.71

1) -5.31 ☐ -5.3

2) 5.99 ☐ 5.94

3) -0.88 ☐ -0.088

4) 3.77 ☐ 0.377

5) 2.73 ☐ 2.75

6) 6.12 ☐ 6.15

7) 9.51 ☐ 9.48

8) 5.43 ☐ 5.4

9) -2.14 ☐ -0.214

10) 7.87 ☐ 0.787

11) -4.57 ☐ -0.457

12) 9.66 ☐ 9.66

13) -8.68 ☐ -8.66

14) -2.28 ☐ -0.228

15) 1.27 ☐ 0.127

16) -2.25 ☐ -2.31

17) -4.37 ☐ -4.4

18) 5.18 ☐ 5.14

19) -9.92 ☐ -9.9

20) -3.59 ☐ -0.359

Scrivi il simbolo Corretto di confronto (>, < o =)

1) 5.81 ☐ 5.8

2) 6.07 ☐ 6.02

3) -4.62 ☐ -4.54

4) 4.08 ☐ 4.14

5) 2.6 ☐ 0.26

6) -0.42 ☐ -0.38

7) -8.56 ☐ -0.856

8) -2.67 ☐ -2.63

9) 0.71 ☐ 0.071

10) -8.74 ☐ -8.69

11) -6.14 ☐ -0.614

12) 5.21 ☐ 5.13

13) 3.92 ☐ 0.392

14) -8.38 ☐ -0.838

15) 2.24 ☐ 2.28

16) 1.12 ☐ 0.112

17) -4.27 ☐ -0.427

18) -9.66 ☐ -9.7

19) -5.24 ☐ -5.25

20) 3.56 ☐ 3.58

37

1) -7.27 ☐ -7.21   11) -5.22 ☐ -5.24

2) 7.25 ☐ 7.3   12) 5.37 ☐ 5.39

3) -4.05 ☐ -4.07   13) -5.67 ☐ -0.567

4) -9.5 ☐ -9.49   14) 2.95 ☐ 2.94

5) 2.31 ☐ 2.37   15) -2.22 ☐ -0.222

6) 4.2 ☐ 0.42   16) 6.81 ☐ 0.681

7) 0.24 ☐ 0.024   17) -8.11 ☐ -0.811

8) 2.22 ☐ 2.29   18) -0.23 ☐ -0.023

9) 4.17 ☐ 0.417   19) -6.35 ☐ -6.41

10) -3.32 ☐ -3.29   20) 3.44 ☐ 3.51

Scrivi il simbolo Corretto di confronto (>, < o =)

1) -6.89 ☐ -6.9	11) 3.72 ☐ 0.372
2) -1.49 ☐ -0.149	12) -7.37 ☐ -7.4
3) 7.89 ☐ 7.85	13) 4.05 ☐ 4.09
4) 8.11 ☐ 0.811	14) -3.46 ☐ -0.346
5) -1.17 ☐ -1.16	15) 5.12 ☐ 0.512
6) 6.57 ☐ 6.56	16) 2.57 ☐ 2.51
7) -7.24 ☐ -7.2	17) 8.78 ☐ 8.71
8) 7.71 ☐ 0.771	18) -9.03 ☐ -0.903
9) -5.13 ☐ -5.19	19) 8.34 ☐ 0.834
10) -8.99 ☐ -8.96	20) -8.14 ☐ -8.17

Scrivi il simbolo Corretto di confronto (>, < o =)

1) 0.95 ☐ 1.01	11) -8.59 ☐ -0.859
2) 8.85 ☐ 8.77	12) 5.11 ☐ 5.1
3) -5.49 ☐ -0.549	13) -5.94 ☐ -5.91
4) -4.45 ☐ -0.445	14) 6 ☐ 0.6
5) 7.79 ☐ 7.84	15) 8.19 ☐ 8.24
6) -3.03 ☐ -2.95	16) -3.57 ☐ -3.56
7) -8.38 ☐ -0.838	17) -3.33 ☐ -3.26
8) 1.87 ☐ 0.187	18) 7.7 ☐ 0.77
9) 3.18 ☐ 0.318	19) -5.59 ☐ -5.54
10) 9.08 ☐ 9.13	20) -5.67 ☐ -5.68

Scrivi il simbolo Corretto di confronto (>, < o =)

1) 5.53 ☐ 5.54

2) -5.78 ☐ -5.83

3) 3.5 ☐ 0.35

4) 9.65 ☐ 9.65

5) -7.41 ☐ -7.39

6) -8.97 ☐ -8.89

7) -2.24 ☐ -2.2

8) 8.2 ☐ 0.82

9) -3.03 ☐ -0.303

10) 3.58 ☐ 0.358

11) -8.94 ☐ -8.96

12) 4.66 ☐ 4.65

13) -3.85 ☐ -3.83

14) -2.48 ☐ -2.52

15) 9.03 ☐ 9.07

16) -3.04 ☐ -3.1

17) -8.25 ☐ -0.825

18) 5.4 ☐ 0.54

19) 8.4 ☐ 0.84

20) 1.33 ☐ 0.133

96.85 − 43.27	59.82 − 31.65	48.69 − 12.39	69.49 +28.69	75.83 − 37.85
51.82 +89.68	89.89 − 65.33	97.98 − 92.53	99.29 +82.34	30.41 +72.17
62.14 +98.16	38.25 +57.81	72.39 +82.36	98.32 − 37.92	57.78 +69.39
22.39 +54.69	45.48 − 17.85	56.34 − 51.58	48.56 − 40.77	79.93 +25.38

Risolvere ogni problema

63.55 - 23.41	88.98 +87.88	85.49 +46.31	94.17 +97.63	19.38 - 15.57
37.72 +57.63	83.37 - 56.74	68.84 - 52.56	90.82 - 84.34	47.37 +27.24
62.32 - 37.28	87.87 - 85.33	70.94 +44.75	57.22 - 41.42	10.95 +84.69
74.14 - 53.23	62.72 +42.67	86.42 +87.81	19.34 +57.83	43.15 - 14.77

89.29 - 38.61	89.99 - 70.45	83.97 +15.35	94.51 - 33.26	51.76 +75.97
85.88 +93.66	17.78 - 16.41	29.73 +35.12	40.16 - 26.24	52.78 +52.31
56.11 +63.91	81.85 +20.83	47.18 +27.66	42.75 +87.35	33.66 - 12.92
27.11 - 12.63	46.66 - 15.86	68.57 - 52.25	70.61 +28.14	34.48 - 29.79

Risolvere ogni problema

49.13 - 17.43	92.62 - 36.71	75.48 - 13.94	86.58 - 14.23	79.11 +35.41
97.12 - 80.56	45.35 - 10.52	98.94 - 16.97	60.51 +45.54	46.35 +81.55
28.99 +50.33	90.62 - 81.35	12.82 +32.78	34.54 +46.98	92.99 - 40.97
62.71 +81.93	88.92 +50.61	65.43 - 63.44	84.33 +53.74	71.64 +10.25

| 32.24 | 19.47 | 37.55 | 24.21 | 66.43 |
| +27.92 | +48.53 | +79.15 | +84.35 | - 48.78 |

| 42.83 | 11.12 | 91.98 | 82.12 | 54.16 |
| - 38.11 | +12.16 | - 41.27 | - 11.42 | +75.56 |

| 71.54 | 65.94 | 60.27 | 97.36 | 61.71 |
| +20.66 | +24.13 | +76.57 | - 35.79 | - 23.77 |

| 34.48 | 57.19 | 79.25 | 56.45 | 80.86 |
| - 10.83 | - 34.28 | - 42.14 | - 15.92 | +92.15 |

Risolvere ogni problema

61.46 - 24.32	84.19 - 64.18	18.68 +50.36	99.87 +68.25	14.91 +62.58
73.98 - 20.89	45.51 - 25.29	79.31 +36.97	25.51 +96.36	35.15 +72.83
73.61 - 36.48	74.77 - 11.38	82.38 +93.62	86.19 - 67.43	60.24 - 52.17
63.57 +96.15	74.11 - 70.59	63.24 - 44.68	48.42 +64.58	71.32 +57.77

53.65 +71.28	75.69 - 72.24	65.32 +29.12	75.82 - 53.66	23.82 - 15.68
32.34 - 24.32	31.26 +52.31	92.45 - 76.72	79.76 +50.65	66.23 - 35.51
98.64 - 87.48	27.63 +98.63	81.12 - 23.19	34.43 - 24.73	85.88 +77.62
19.33 +75.93	76.68 +80.51	85.19 - 39.67	87.77 +27.92	47.65 +96.92

Risolvere ogni problema

39.31 +80.49	52.88 +45.36	68.59 - 31.67	25.57 - 23.38	61.28 +68.17
68.11 +26.19	80.81 +74.73	58.45 +88.63	90.46 - 74.64	49.29 - 14.57
39.59 - 14.19	52.31 - 20.96	65.36 +71.24	66.17 +99.15	79.43 +91.94
78.67 +26.83	43.46 - 21.68	44.67 - 43.86	98.77 - 62.22	88.25 - 22.12

| 58.96 | 25.47 | 82.41 | 65.81 | 20.84 |
| - 18.24 | +46.16 | - 69.42 | - 47.88 | +20.23 |

| 16.58 | 12.45 | 58.42 | 41.41 | 94.12 |
| - 11.69 | +90.75 | - 49.49 | +46.74 | +92.92 |

| 52.83 | 89.79 | 44.78 | 91.62 | 11.63 |
| +80.94 | - 73.56 | - 26.69 | - 73.27 | +46.26 |

| 65.73 | 80.12 | 74.69 | 60.42 | 57.51 |
| +66.57 | - 52.22 | - 10.11 | +36.38 | +23.15 |

Risolvere ogni problema

85.83	32.57	85.91	63.51	60.88
+15.92	+72.96	+55.29	- 44.57	- 24.79

80.41	24.78	69.58	32.93	98.55
+79.58	- 16.31	- 54.92	- 24.64	- 28.48

81.25	30.32	22.89	97.62	82.96
+29.36	- 21.22	+72.97	- 72.44	+95.69

56.65	38.91	32.85	86.45	91.36
- 21.93	+76.55	+30.81	- 57.85	+18.14

Ordina i numeri da meno a più grandi

Ex)
A. 34
B. 33.85
C. 33.22
D. 33.8

1)
A. 73.96
B. 73.5
C. 73.4
D. 73.1

2)
A. 3.29
B. 3.55
C. 3.6
D. 3.86

3)
A. 4.19
B. 4.27
C. 4.6
D. 5

4)
A. 5.7
B. 5.2
C. 5.6
D. 5.25

5)
A. 22.4
B. 22.8
C. 22.3
D. 22.91

6)
A. 11.59
B. 11.46
C. 12
D. 11.6

7)
A. 8
B. 7.96
C. 7.35
D. 7.63

8)
A. 3
B. 2.57
C. 2.9
D. 2.2

9)
A. 9.17
B. 9.5
C. 9.9
D. 10

10)
A. 75.6
B. 75.9
C. 75.8
D. 75.22

11)
A. 83.11
B. 83.6
C. 83.16
D. 83.4

12)
A. 3.8
B. 4
C. 3.86
D. 3.9

13)
A. 72.5
B. 72.59
C. 72.4
D. 72.3

14)
A. 44.9
B. 44.5
C. 44.53
D. 44

15)
A. 4.2
B. 5
C. 4.99
D. 4.22

16)
A. 7.3
B. 7.01
C. 8
D. 7.8

17)
A. 3.68
B. 3.5
C. 3.7
D. 3.88

18)
A. 14.62
B. 14.5
C. 14.87
D. 14.76

19)
A. 65.8
B. 66
C. 65.2
D. 65.7

20)
A. 2.25
B. 2.52
C. 2.2
D. 2.1

Ex. C,D,B,A

1. _______
2. _______
3. _______
4. _______
5. _______
6. _______
7. _______
8. _______
9. _______
10. _______
11. _______
12. _______
13. _______
14. _______
15. _______
16. _______
17. _______
18. _______
19. _______
20. _______

Ordina i numeri da meno a più grandi

Ex) A. 93.56
B. 94
C. 93.73
D. 93.2

1) A. 64.2
B. 64.8
C. 64.15
D. 64.84

2) A. 53.4
B. 53.22
C. 53.67
D. 53.42

3) A. 4.7
B. 5
C. 4.9
D. 4.56

4) A. 9.2
B. 9.18
C. 9
D. 9.7

5) A. 6.6
B. 6.29
C. 6.4
D. 6.17

6) A. 5.1
B. 5.4
C. 5.9
D. 5.5

7) A. 10.41
B. 10.4
C. 10.46
D. 10

8) A. 8.9
B. 8.48
C. 8.4
D. 8.7

9) A. 84.67
B. 84.42
C. 84.4
D. 84

10) A. 87.8
B. 88
C. 87.62
D. 87.6

11) A. 90
B. 89.9
C. 89.49
D. 89.5

12) A. 3.42
B. 3
C. 3.8
D. 3.94

13) A. 3.94
B. 3.48
C. 3.8
D. 3.84

14) A. 1
B. 1.27
C. 1.3
D. 1.2

15) A. 8.75
B. 8.48
C. 8.6
D. 8.9

16) A. 49.9
B. 49.22
C. 49.2
D. 49.61

17) A. 96.34
B. 96
C. 96.4
D. 96.9

18) A. 73
B. 72.59
C. 72.99
D. 72.86

19) A. 9.78
B. 9.43
C. 10
D. 9.7

20) A. 3
B. 2.2
C. 2.5
D. 2.42

Ex. D,A,C,B

1. _______
2. _______
3. _______
4. _______
5. _______
6. _______
7. _______
8. _______
9. _______
10. _______
11. _______
12. _______
13. _______
14. _______
15. _______
16. _______
17. _______
18. _______
19. _______
20. _______

Ordina i numeri da meno a più grandi

Ex) A. 4.77
B. 4.62
C. 5
D. 4.1

1) A. 76.57
B. 77
C. 76.6
D. 76.66

2) A. 9.59
B. 9.2
C. 9.58
D. 9.92

3) A. 39.9
B. 39.17
C. 39.26
D. 39.56

4) A. 28.4
B. 28.1
C. 29
D. 28.24

5) A. 5.58
B. 5.5
C. 5.62
D. 5.7

6) A. 54.4
B. 54.52
C. 54.45
D. 54.7

7) A. 54.68
B. 54.3
C. 54.04
D. 54.5

8) A. 8.84
B. 8.59
C. 8.1
D. 8.4

9) A. 7.18
B. 7.7
C. 7.79
D. 7.1

10) A. 59.75
B. 59.3
C. 59.6
D. 59.49

11) A. 96.78
B. 96.55
C. 96.8
D. 96.6

12) A. 6.12
B. 6.2
C. 6.8
D. 6.17

13) A. 5.2
B. 5.15
C. 5.45
D. 5.52

14) A. 75
B. 74.45
C. 74.44
D. 74.59

15) A. 85.5
B. 85.4
C. 85.01
D. 85.79

16) A. 6.48
B. 6.67
C. 6.7
D. 6.27

17) A. 6.32
B. 6.3
C. 6.18
D. 6

18) A. 9.3
B. 9.66
C. 9.58
D. 10

19) A. 2.31
B. 2.4
C. 2.32
D. 2.1

20) A. 3.7
B. 3.72
C. 3.6
D. 3.2

Ex. ___D,B,A,C___

1. _______
2. _______
3. _______
4. _______
5. _______
6. _______
7. _______
8. _______
9. _______
10. _______
11. _______
12. _______
13. _______
14. _______
15. _______
16. _______
17. _______
18. _______
19. _______
20. _______

Ordina i numeri da meno a più grandi

Ex) A. 51.9
B. 52
C. 51.13
D. 51.7

1) A. 6.73
B. 7
C. 6.45
D. 6.5

2) A. 59.6
B. 59.03
C. 59.7
D. 59.17

3) A. 21.4
B. 21.49
C. 21
D. 21.89

4) A. 91.72
B. 91.9
C. 92
D. 91.58

5) A. 7.8
B. 7
C. 7.88
D. 7.44

6) A. 23.18
B. 23.53
C. 23.48
D. 23.9

7) A. 42.64
B. 42.6
C. 42.3
D. 42.42

8) A. 5.74
B. 6
C. 5.88
D. 5.82

9) A. 30
B. 30.13
C. 30.4
D. 30.3

10) A. 48.3
B. 48.94
C. 48.4
D. 48

11) A. 2.7
B. 2.8
C. 2.3
D. 2.82

12) A. 47.5
B. 47.7
C. 48
D. 47.53

13) A. 37.05
B. 37.9
C. 37.72
D. 37.4

14) A. 2.5
B. 2.2
C. 2.93
D. 2.83

15) A. 64
B. 63.36
C. 63.3
D. 63.4

16) A. 11.05
B. 11.56
C. 12
D. 11.54

17) A. 90.98
B. 91
C. 90.54
D. 90.1

18) A. 7.7
B. 8
C. 7.41
D. 7.92

19) A. 9.48
B. 9.56
C. 9.4
D. 9.2

20) A. 63.95
B. 63.3
C. 63.7
D. 63.1

Ex. C,D,A,B
1. __________
2. __________
3. __________
4. __________
5. __________
6. __________
7. __________
8. __________
9. __________
10. __________
11. __________
12. __________
13. __________
14. __________
15. __________
16. __________
17. __________
18. __________
19. __________
20. __________

Ordina i numeri da meno a più grandi

Ex)
A. 68.1
B. 68.47
C. 68.4
D. 68.43

1)
A. 7
B. 7.4
C. 7.35
D. 7.5

2)
A. 89.95
B. 89.8
C. 89.4
D. 89.37

3)
A. 1.87
B. 1.9
C. 1.3
D. 2

4)
A. 96.8
B. 96.81
C. 96.5
D. 97

5)
A. 4.17
B. 4.93
C. 4.8
D. 4.7

6)
A. 2.18
B. 2.02
C. 2.7
D. 2.38

7)
A. 66.26
B. 66.5
C. 66.61
D. 67

8)
A. 37.3
B. 37.58
C. 38
D. 37.22

9)
A. 62
B. 61.9
C. 61.85
D. 61.6

10)
A. 38.89
B. 38
C. 38.8
D. 38.08

11)
A. 46
B. 46.59
C. 46.93
D. 46.89

12)
A. 90.1
B. 90.2
C. 90.4
D. 90.63

13)
A. 2
B. 2.83
C. 2.2
D. 2.3

14)
A. 24.9
B. 24
C. 24.33
D. 24.5

15)
A. 97.21
B. 97.42
C. 97.4
D. 97

16)
A. 26
B. 25.74
C. 25.9
D. 25.1

17)
A. 74.3
B. 74.7
C. 74.9
D. 74.73

18)
A. 3.9
B. 3
C. 3.3
D. 3.1

19)
A. 8.9
B. 8
C. 8.54
D. 8.51

20)
A. 4.12
B. 4.3
C. 4.93
D. 4.1

Ex. A,C,D,B
1. _______
2. _______
3. _______
4. _______
5. _______
6. _______
7. _______
8. _______
9. _______
10. _______
11. _______
12. _______
13. _______
14. _______
15. _______
16. _______
17. _______
18. _______
19. _______
20. _______

Ordina i numeri da meno a più grandi

Ex) A. 39.53 B. 39.3 C. 39.22 D. 39.9	**1)** A. 3.9 B. 3.95 C. 3.7 D. 3.74	**2)** A. 20.19 B. 20 C. 20.4 D. 20.6
3) A. 3.4 B. 3 C. 3.24 D. 3.9	**4)** A. 36.8 B. 36.1 C. 36.23 D. 37	**5)** A. 1.3 B. 1.37 C. 1.5 D. 1.2
6) A. 27.42 B. 27.88 C. 27.7 D. 27	**7)** A. 2.55 B. 2.6 C. 2.3 D. 2.67	**8)** A. 55.6 B. 55.56 C. 55.8 D. 55.2
9) A. 6.59 B. 7 C. 6.6 D. 6.5	**10)** A. 26.1 B. 26.86 C. 26.51 D. 26.3	**11)** A. 46.6 B. 46.19 C. 46.8 D. 47
12) A. 7.4 B. 7.3 C. 7.5 D. 7.19	**13)** A. 8.23 B. 8.7 C. 8 D. 8.4	**14)** A. 9 B. 8.99 C. 8.61 D. 8.64
15) A. 7.9 B. 7.2 C. 7.04 D. 7.73	**16)** A. 28.8 B. 28.6 C. 28.5 D. 28.9	**17)** A. 30.2 B. 30.37 C. 30.82 D. 30.71
18) A. 60.3 B. 61 C. 60.5 D. 60.71	**19)** A. 61.9 B. 61.59 C. 61.84 D. 61.91	**20)** A. 7.6 B. 7.47 C. 7 D. 7.8

Ex. _C,B,A,D_

1. __________
2. __________
3. __________
4. __________
5. __________
6. __________
7. __________
8. __________
9. __________
10. __________
11. __________
12. __________
13. __________
14. __________
15. __________
16. __________
17. __________
18. __________
19. __________
20. __________

Ordina i numeri da meno a più grandi

Ex) A. 5.17
B. 5.95
C. 6
D. 5.9

1) A. 23.3
B. 23.4
C. 23.9
D. 23.26

2) A. 7.5
B. 7.65
C. 7.97
D. 7.14

3) A. 18.41
B. 18.83
C. 19
D. 18.5

4) A. 14.36
B. 14.4
C. 14.86
D. 14.7

5) A. 62.24
B. 62.49
C. 62.4
D. 62.7

6) A. 1.72
B. 1.74
C. 1.52
D. 1.36

7) A. 2.5
B. 2.4
C. 2.12
D. 2.7

8) A. 73.75
B. 73.2
C. 74
D. 73.17

9) A. 3.42
B. 3.7
C. 3.2
D. 4

10) A. 19.18
B. 19.2
C. 19.42
D. 19

11) A. 29
B. 28.26
C. 28.5
D. 28.7

12) A. 97.6
B. 97.52
C. 97.95
D. 97.7

13) A. 9
B. 8.3
C. 8.7
D. 8.99

14) A. 50
B. 49.4
C. 49.83
D. 49.5

15) A. 29.92
B. 30
C. 29.7
D. 29.5

16) A. 9.5
B. 9.5
C. 9.57
D. 9.1

17) A. 3.6
B. 3.3
C. 3.39
D. 3.8

18) A. 4.4
B. 4.12
C. 4.41
D. 4.5

19) A. 24.92
B. 24.4
C. 24.28
D. 24.3

20) A. 7.21
B. 7.5
C. 7.4
D. 7

Ex. A,D,B,C

1. ______
2. ______
3. ______
4. ______
5. ______
6. ______
7. ______
8. ______
9. ______
10. ______
11. ______
12. ______
13. ______
14. ______
15. ______
16. ______
17. ______
18. ______
19. ______
20. ______

Ordina i numeri da meno a più grandi

Ex) A. 68
B. 67.3
C. 67.6
D. 67.89

1) A. 2.1
B. 2.23
C. 2.2
D. 2.18

2) A. 1.61
B. 1.57
C. 2
D. 1.19

3) A. 26.3
B. 27
C. 26.8
D. 26.74

4) A. 15
B. 15.65
C. 15.26
D. 15.3

5) A. 23.4
B. 24
C. 23.9
D. 23.99

6) A. 6.54
B. 6.62
C. 6.9
D. 6.5

7) A. 3
B. 2.6
C. 2.18
D. 2.71

8) A. 88
B. 87.81
C. 87.86
D. 87.54

9) A. 23.8
B. 23
C. 23.19
D. 23.97

10) A. 71.57
B. 71.49
C. 71.1
D. 71.79

11) A. 5.8
B. 5.77
C. 5
D. 5.72

12) A. 57.99
B. 57.4
C. 57.3
D. 57.6

13) A. 3.14
B. 3
C. 3.05
D. 3.3

14) A. 36.17
B. 36.52
C. 36.6
D. 36.67

15) A. 4.3
B. 4.6
C. 4
D. 4.2

16) A. 62
B. 61.89
C. 61.86
D. 61.74

17) A. 1.35
B. 2
C. 1.73
D. 1.7

18) A. 27.2
B. 27.38
C. 27.41
D. 27.68

19) A. 6.36
B. 6.7
C. 6.1
D. 6.06

20) A. 1.67
B. 1.15
C. 2
D. 1.7

Ex. _B,C,D,A_

1. __________
2. __________
3. __________
4. __________
5. __________
6. __________
7. __________
8. __________
9. __________
10. __________
11. __________
12. __________
13. __________
14. __________
15. __________
16. __________
17. __________
18. __________
19. __________
20. __________

Ordina i numeri da meno a più grandi

Ex)
- A. 47.85
- B. 47.9
- C. 47.33
- D. 47.2

1)
- A. 1.1
- B. 1.7
- C. 1
- D. 1.2

2)
- A. 7.3
- B. 7.65
- C. 7.82
- D. 8

3)
- A. 4.6
- B. 4.48
- C. 5
- D. 4.4

4)
- A. 73.7
- B. 73
- C. 73.24
- D. 73.28

5)
- A. 1.8
- B. 2
- C. 1.23
- D. 1.3

6)
- A. 32
- B. 31.95
- C. 31.6
- D. 31.32

7)
- A. 73.2
- B. 73.46
- C. 73.6
- D. 73

8)
- A. 50.41
- B. 50.7
- C. 50.74
- D. 50.1

9)
- A. 7.9
- B. 7
- C. 7.64
- D. 7.86

10)
- A. 15.55
- B. 15.34
- C. 15.7
- D. 15.8

11)
- A. 41.53
- B. 41.5
- C. 41.22
- D. 41.82

12)
- A. 5.3
- B. 5.7
- C. 5.41
- D. 5

13)
- A. 6.5
- B. 6.03
- C. 6.84
- D. 5.51

14)
- A. 95.9
- B. 95.85
- C. 95.1
- D. 95.92

15)
- A. 34.53
- B. 34.4
- C. 34
- D. 34.35

16)
- A. 4.4
- B. 4.36
- C. 4.78
- D. 4.17

17)
- A. 1.2
- B. 1.1
- C. 1.98
- D. 2

18)
- A. 4.18
- B. 4.23
- C. 4.4
- D. 4.95

19)
- A. 3.53
- B. 3.4
- C. 3.78
- D. 4

20)
- A. 21.4
- B. 21
- C. 21.3
- D. 21.04

Ex. D,C,A,B
1. ______
2. ______
3. ______
4. ______
5. ______
6. ______
7. ______
8. ______
9. ______
10. ______
11. ______
12. ______
13. ______
14. ______
15. ______
16. ______
17. ______
18. ______
19. ______
20. ______

Ordina i numeri da meno a più grandi

Ex)
A. 8.6
B. 8.41
C. 9
D. 8.88

1)
A. 7.22
B. 7.5
C. 7.97
D. 7.8

2)
A. 3.57
B. 3.12
C. 4
D. 3.54

3)
A. 92.83
B. 93
C. 92.4
D. 92.3

4)
A. 24.01
B. 24.27
C. 24.91
D. 24.1

5)
A. 5.33
B. 5.91
C. 6
D. 5.64

6)
A. 5.6
B. 5.43
C. 5
D. 5.5

7)
A. 7.9
B. 7.4
C. 7.44
D. 7.68

8)
A. 6
B. 5.88
C. 5.6
D. 5.7

9)
A. 69.6
B. 69.06
C. 70
D. 69.28

10)
A. 18.93
B. 18
C. 18.32
D. 18.1

11)
A. 5.5
B. 5.2
C. 5.81
D. 5

12)
A. 13.67
B. 13.39
C. 13.8
D. 13.7

13)
A. 76.7
B. 76.6
C. 76.2
D. 77

14)
A. 6.1
B. 6.27
C. 6.72
D. 6.6

15)
A. 51.55
B. 52
C. 51.72
D. 51.1

16)
A. 87.5
B. 87.4
C. 87
D. 87.61

17)
A. 9.27
B. 9.5
C. 9.48
D. 9.3

18)
A. 64.14
B. 64.1
C. 64.23
D. 64.78

19)
A. 20.61
B. 20.4
C. 20.3
D. 20.7

20)
A. 3
B. 2.5
C. 2.85
D. 2.2

Ex. B,A,D,C

1. _______
2. _______
3. _______
4. _______
5. _______
6. _______
7. _______
8. _______
9. _______
10. _______
11. _______
12. _______
13. _______
14. _______
15. _______
16. _______
17. _______
18. _______
19. _______
20. _______

Tasto di risposta

1

1. 1/2	11. 0
2. 0	12. 1
3. 0	13. 0
4. 1	14. 0
5. 1/2	15. 1
6. 1/2	16. 0
7. 1/2	17. 1
8. 1	18. 0
9. 1/2	19. 1/2
10. 1	20. 1

2

1. 1/2	11. 1/2
2. 1	12. 1
3. 1	13. 0
4. 1	14. 0
5. 1	15. 0
6. 0	16. 1/2
7. 1	17. 1/2
8. 1/2	18. 1
9. 1/2	19. 0
10. 0	20. 1/2

3

1. 0	11. 1
2. 1	12. 0
3. 1/2	13. 1/2
4. 1	14. 1
5. 0	15. 1/2
6. 1	16. 1/2
7. 0	17. 0
8. 1/2	18. 1
9. 0	19. 1
10. 1/2	20. 1/2

4

1. 1/2	11. 1
2. 1	12. 1/2
3. 1	13. 0
4. 0	14. 1/2
5. 1/2	15. 0
6. 0	16. 1
7. 0	17. 1/2
8. 1	18. 0
9. 0	19. 1/2
10. 1	20. 1/2

5

1. 1/2	11. 1		
2. 1	12. 1/2		
3. 1	13. 1		
4. 1	14. 0		
5. 0	15. 1/2		
6. 1/2	16. 0		
7. 0	17. 1		
8. 1/2	18. 0		
9. 1	19. 0		
10. 1/2	20. 1/2		

6

1. 1/2	11. 1
2. 0	12. 1
3. 0	13. 0
4. 1/2	14. 1/2
5. 1/2	15. 0
6. 1	16. 0
7. 1	17. 1
8. 1/2	18. 1
9. 1/2	19. 0
10. 1/2	20. 1

7

1. 1/2	11. 0
2. 0	12. 1
3. 0	13. 1
4. 1	14. 1/2
5. 1/2	15. 1
6. 0	16. 1/2
7. 1/2	17. 0
8. 1	18. 1
9. 1	19. 1/2
10. 0	20. 1/2

8

1. 0	11. 1/2
2. 0	12. 0
3. 1/2	13. 1
4. 1	14. 0
5. 1/2	15. 0
6. 1/2	16. 1/2
7. 1	17. 1
8. 1/2	18. 0
9. 1	19. 1/2
10. 1	20. 0

9

1.	0	11.	1/2
2.	1/2	12.	1
3.	0	13.	0
4.	1/2	14.	1/2
5.	0	15.	1
6.	1	16.	0
7.	1	17.	0
8.	1/2	18.	0
9.	1/2	19.	1
10.	1	20.	1/2

10

1.	1/2	11.	0
2.	1	12.	1/2
3.	0	13.	1
4.	1	14.	0
5.	1	15.	1
6.	0	16.	1/2
7.	1/2	17.	1
8.	0	18.	1
9.	1/2	19.	1/2
10.	0	20.	0

11

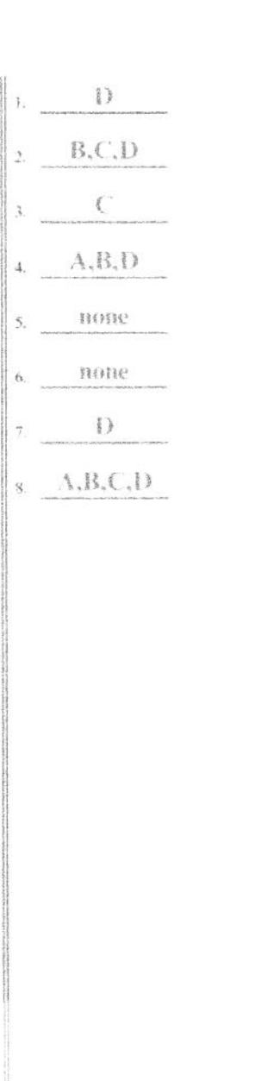

1.	D
2.	B,C,D
3.	C
4.	A,B,D
5.	none
6.	none
7.	D
8.	A,B,C,D

12

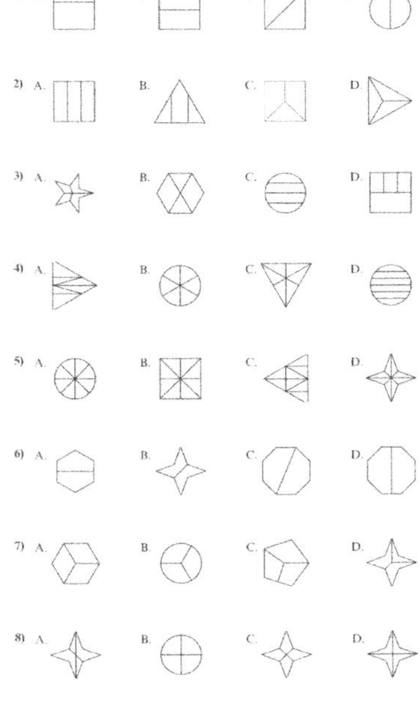

1.	B,C,D
2.	A,D
3.	none
4.	B,C
5.	A,B,C,D
6.	A,B,C,D
7.	A,B
8.	B,C,D

13

1) A.   B.   C.   D.
2) A.   B.   C.   D.
3) A.   B.   C.   D.
4) A.   B.   C.   D.
5) A.   B.   C.   D.
6) A.   B.   C.   D.
7) A.   B.   C.   D.
8) A.   B.   C.   D.

1. A,D
2. A,B,C,D
3. none
4. A,C
5. A,B,C
6. A,B,C,D
7. none
8. A,B,C,D

14

1) A.   B.   C.   D.
2) A.   B.   C.   D.
3) A.   B.   C.   D.
4) A.   B.   C.   D.
5) A.   B.   C.   D.
6) A.   B.   C.   D.
7) A.   B.   C.   D.
8) A.   B.   C.   D.

1. A,B,C,D
2. A,C
3. D
4. B,C
5. D
6. A,B,C,D
7. none
8. A,B,C,D

15

1) A.   B.   C.   D.
2) A.   B.   C.   D.
3) A.   B.   C.   D.
4) A.   B.   C.   D.
5) A.   B.   C.   D.
6) A.   B.   C.   D.
7) A.   B.   C.   D.
8) A.   B.   C.   D.

1. C
2. A,B,C
3. A,B,D
4. A,B,C,D
5. A,C
6. none
7. none
8. C

16

1) A.   B.   C.   D.
2) A.   B.   C.   D.
3) A.   B.   C.   D.
4) A.   B.   C.   D.
5) A.   B.   C.   D.
6) A.   B.   C.   D.
7) A.   B.   C.   D.
8) A.   B.   C.   D.

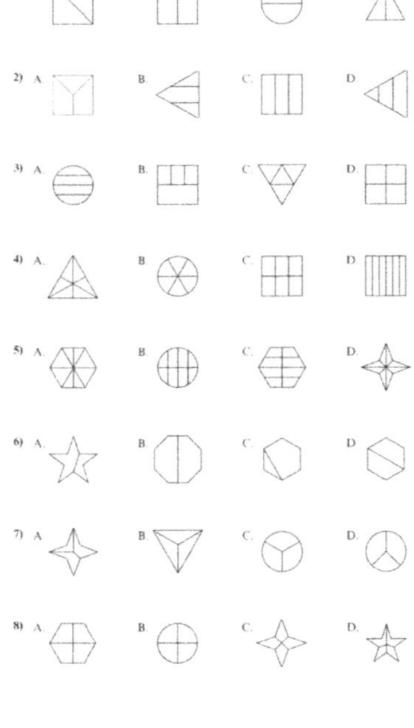

1. A,B,C,D
2. C
3. C,D
4. A,B,C,D
5. D
6. B,D
7. B,C
8. A,B,C

17

#	Answer
1	B
2	A,B,C,D
3	A,B,C
4	A,B,C,D
5	A
6	none
7	none
8	A,D

18

#	Answer
1	A,B,C
2	none
3	A,B,C,D
4	C
5	B,C
6	A,B,C,D
7	A,B,C,D
8	A,B,C,D

19

#	Answer
1	A,B,C,D
2	none
3	A
4	A,B,D
5	D
6	A,D
7	A,B,C,D
8	A,B,C

20

#	Answer
1	B
2	A,D
3	none
4	none
5	B,C,D
6	A
7	none
8	A,B,D

21

1. 3/8	11. 5/8
2. 1/8	12. 2/4
3. 4/8	13. 3/6
4. 7/8	14. 4/6
5. 2/8	15. 1/2
6. 5/6	16. 6/8
7. 1/4	17. 2/3
8. 1/3	18. 2/6
9. 3/4	
10. 1/6	

22

1. 3/6	11. 2/6
2. 1/2	12. 2/8
3. 4/6	13. 1/6
4. 2/3	14. 1/8
5. 3/8	15. 5/6
6. 1/3	16. 2/4
7. 4/8	17. 5/8
8. 6/8	18. 3/4
9. 1/4	
10. 7/8	

23

1. 3/4	11. 7/8
2. 3/6	12. 4/6
3. 1/3	13. 5/8
4. 1/4	14. 2/6
5. 1/6	15. 1/8
6. 3/8	16. 2/3
7. 1/2	17. 2/8
8. 6/8	18. 2/4
9. 4/8	
10. 5/6	

24

1. 1/3	11. 2/8
2. 1/4	12. 5/6
3. 3/4	13. 4/8
4. 2/6	14. 7/8
5. 6/8	15. 4/6
6. 3/8	16. 1/8
7. 5/8	17. 2/4
8. 2/3	18. 3/6
9. 1/6	
10. 1/2	

25

1.	7/8	11.	5/6
2.	1/8	12.	2/8
3.	3/4	13.	1/4
4.	4/8	14.	3/8
5.	1/2	15.	2/4
6.	2/3	16.	3/6
7.	6/8	17.	2/6
8.	4/6	18.	1/3
9.	1/6		
10.	5/8		

26

1.	1/6	11.	1/2
2.	2/8	12.	3/6
3.	4/8	13.	1/4
4.	6/8	14.	2/4
5.	7/8	15.	5/8
6.	3/4	16.	3/8
7.	5/6	17.	2/3
8.	2/6	18.	1/3
9.	1/8		
10.	4/6		

27

1.	7/8	11.	5/6
2.	4/6	12.	1/2
3.	2/4	13.	4/8
4.	2/3	14.	3/6
5.	3/4	15.	6/8
6.	2/8	16.	5/8
7.	1/3	17.	2/6
8.	1/8	18.	3/8
9.	1/4		
10.	1/6		

28

1.	2/4	11.	5/8
2.	2/8	12.	1/2
3.	3/8	13.	2/3
4.	3/4	14.	1/8
5.	1/3	15.	5/6
6.	2/6	16.	7/8
7.	1/4	17.	6/8
8.	3/6	18.	4/8
9.	4/6		
10.	1/6		

29

1. 5/6	11. 1/8
2. 4/6	12. 4/8
3. 1/3	13. 6/8
4. 2/6	14. 3/4
5. 5/8	15. 1/2
6. 2/4	16. 3/8
7. 2/8	17. 1/4
8. 1/6	18. 2/3
9. 7/8	
10. 3/6	

30

1. 1/4	11. 5/8
2. 6/8	12. 3/4
3. 3/6	13. 3/8
4. 1/8	14. 2/3
5. 4/8	15. 7/8
6. 2/6	16. 1/3
7. 1/2	17. 1/6
8. 5/6	18. 2/8
9. 2/4	
10. 4/6	

31

1) 1.41	= 1.41	11) 7.8	>	7.79
2) -7.3	> -7.34	12) 4.05	>	0.405
3) 1.87	> 0.187	13) -7.77	<	-0.777
4) -6.54	> -6.56	14) 1.29	>	1.25
5) 7.48	> 7.42	15) -5.14	=	-5.14
6) -0.64	< -0.064	16) 7.07	>	0.707
7) -7.09	> -7.13	17) 0.57	>	0.53
8) -9.8	> -9.85	18) 1.45	>	0.145
9) -4.37	> -4.39	19) -2.96	<	-0.296
10) 10	> 1	20) -3.36	>	-3.37

32

1) -9.61	< -0.961	11) 5.7	>	5.68
2) -6.5	< -0.65	12) -3.74	>	-3.75
3) -5.16	> -5.18	13) -0.4	<	-0.04
4) -2.24	= -2.24	14) 7.19	<	7.23
5) 0.86	> 0.086	15) 2.04	<	2.08
6) 8.23	> 0.823	16) -9.82	<	-0.982
7) 1.06	< 1.14	17) 6.35	>	6.29
8) 5.35	< 5.42	18) -9.46	<	-0.946
9) 3.37	> 0.337	19) 3.32	<	3.35
10) -0.49	> -0.51	20) -8.52	>	-8.59

33

1) 6.23 < 6.26
2) -5.11 < -0.511
3) 8.7 > 0.87
4) 0.39 > 0.039
5) -2.62 < -0.262
6) -4.22 < -4.15
7) 9.9 = 9.9
8) 0.41 = 0.41
9) 2 > 0.2
10) -2.47 > -2.51

11) 5.15 > 5.12
12) 4.88 > 0.488
13) 8.48 < 8.56
14) -6.55 > -6.57
15) -3.22 = -3.22
16) -2.96 < -0.296
17) -9.09 > -9.12
18) -0.46 < -0.38
19) -6.59 > -6.67
20) 2.17 > 0.217

34

1) -5.01 < -4.99
2) -6.89 < -0.689
3) 2.97 > 2.95
4) 7.88 > 0.788
5) 7.38 > 7.35
6) -0.87 < -0.087
7) 3.68 > 0.368
8) 8.35 = 8.35
9) 8.72 > 0.872
10) 3.56 < 3.58

11) 8.57 > 8.55
12) -1.45 < -0.145
13) -3.13 < -0.313
14) -6.81 > -6.82
15) 8.38 > 8.37
16) -8.46 > -8.54
17) -0.68 < -0.67
18) 7.4 > 0.74
19) -5.79 < -5.71
20) -5.73 < -5.71

35

1) -5.31 < -5.3
2) 5.99 > 5.94
3) -0.88 < -0.088
4) 3.77 > 0.377
5) 2.73 < 2.75
6) 6.12 < 6.15
7) 9.51 > 9.48
8) 5.43 > 5.4
9) -2.14 < -0.214
10) 7.87 > 0.787

11) -4.57 < -0.457
12) 9.66 = 9.66
13) -8.68 < -8.66
14) -2.28 < -0.228
15) 1.27 > 0.127
16) -2.25 > -2.31
17) -4.37 > -4.4
18) 5.18 > 5.14
19) -9.92 < -9.9
20) -3.59 < -0.359

36

1) 5.81 > 5.8
2) 6.07 > 6.02
3) -4.62 < -4.54
4) 4.08 < 4.14
5) 2.6 > 0.26
6) -0.42 < -0.38
7) -8.56 < -0.856
8) -2.67 < -2.63
9) 0.71 > 0.071
10) -8.74 < -8.69

11) -6.14 < -0.614
12) 5.21 > 5.13
13) 3.92 > 0.392
14) -8.38 < -0.838
15) 2.24 < 2.28
16) 1.12 > 0.112
17) -4.27 < -0.427
18) -9.66 > -9.7
19) -5.24 > -5.25
20) 3.56 < 3.58

37

1) -7.27 < -7.21   11) -5.22 > -5.24

2) 7.25 < 7.3   12) 5.37 < 5.39

3) -4.05 > -4.07   13) -5.67 < -0.567

4) -9.5 < -9.49   14) 2.95 > 2.94

5) 2.31 < 2.37   15) -2.22 < -0.222

6) 4.2 > 0.42   16) 6.81 > 0.681

7) 0.24 > 0.024   17) -8.11 < -0.811

8) 2.22 < 2.29   18) -0.23 < -0.023

9) 4.17 > 0.417   19) -6.35 > -6.41

10) -3.32 < -3.29   20) 3.44 < 3.51

38

1) -6.89 > -6.9   11) 3.72 > 0.372

2) -1.49 < -0.149   12) -7.37 > -7.4

3) 7.89 > 7.85   13) 4.05 < 4.09

4) 8.11 > 0.811   14) -3.46 < -0.346

5) -1.17 < -1.16   15) 5.12 > 0.512

6) 6.57 > 6.56   16) 2.57 > 2.51

7) -7.24 < -7.2   17) 8.78 > 8.71

8) 7.71 > 0.771   18) -9.03 < -0.903

9) -5.13 > -5.19   19) 8.34 > 0.834

10) -8.99 < -8.96   20) -8.14 > -8.17

39

1) 0.95 < 1.01   11) -8.59 < -0.859

2) 8.85 > 8.77   12) 5.11 > 5.1

3) -5.49 < -0.549   13) -5.94 < -5.91

4) -4.45 < -0.445   14) 6 > 0.6

5) 7.79 < 7.84   15) 8.19 < 8.24

6) -3.03 < -2.95   16) -3.57 < -3.56

7) -8.38 < -0.838   17) -3.33 < -3.26

8) 1.87 > 0.187   18) 7.7 > 0.77

9) 3.18 > 0.318   19) -5.59 < -5.54

10) 9.08 < 9.13   20) -5.67 > -5.68

40

1) 5.53 < 5.54   11) -8.94 > -8.96

2) -5.78 > -5.83   12) 4.66 > 4.65

3) 3.5 > 0.35   13) -3.85 < -3.83

4) 9.65 = 9.65   14) -2.48 > -2.52

5) -7.41 < -7.39   15) 9.03 < 9.07

6) -8.97 < -8.89   16) -3.04 > -3.1

7) -2.24 < -2.2   17) -8.25 < -0.825

8) 8.2 > 0.82   18) 5.4 > 0.54

9) -3.03 < -0.303   19) 8.4 > 0.84

10) 3.58 > 0.358   20) 1.33 > 0.133

41

96.85 - 43.27 53.58	59.82 - 31.65 28.17	48.69 - 12.39 36.30	69.49 +28.69 98.18	75.83 - 37.85 37.98
51.82 +89.68 141.50	89.89 - 65.33 24.56	97.98 - 92.53 5.45	99.29 +82.34 181.63	30.41 +72.17 102.58
62.14 +98.16 160.30	38.25 +57.81 96.06	72.39 +82.36 154.75	98.32 - 37.92 60.40	57.78 +69.39 127.17
22.39 +54.69 77.08	45.48 - 17.85 27.63	56.34 - 51.58 4.76	48.56 - 40.77 7.79	79.93 +25.38 105.31

42

63.55 - 23.41 40.14	88.98 +87.88 176.86	85.49 +46.31 131.80	94.17 +97.63 191.80	19.38 - 15.57 3.81
37.72 +57.63 95.35	83.37 - 56.74 26.63	68.84 - 52.56 16.28	90.82 - 84.34 6.48	47.37 +27.24 74.61
62.32 - 37.28 25.04	87.87 - 85.33 2.54	70.94 +44.75 115.69	57.22 - 41.42 15.80	10.95 +84.69 95.64
74.14 - 53.23 20.91	62.72 +42.67 105.39	86.42 +87.81 174.23	19.34 +57.83 77.17	43.15 - 14.77 28.38

43

89.29 - 38.61 50.68	89.99 - 70.45 19.54	83.97 +15.35 99.32	94.51 - 33.26 61.25	51.76 +75.97 127.73
85.88 +93.66 179.54	17.78 - 16.41 1.37	29.73 +35.12 64.85	40.16 - 26.24 13.92	52.78 +52.31 105.09
56.11 +63.91 120.02	81.35 +20.33 102.68	47.18 +27.66 74.84	42.75 +87.35 130.10	33.66 - 12.92 20.74
27.11 - 12.63 14.48	46.36 - 15.36 30.30	68.57 - 52.25 16.32	70.61 +28.14 98.75	34.48 - 29.79 4.69

44

49.13 - 17.43 31.70	92.62 - 36.71 55.91	75.48 - 13.94 61.54	86.58 - 14.23 72.35	79.11 +35.41 114.52
97.12 - 80.56 16.56	45.35 - 10.52 34.83	98.94 - 16.97 81.97	60.51 +45.54 106.05	46.35 +81.55 127.90
28.99 +50.33 79.32	90.62 - 81.35 9.27	12.82 +32.78 45.60	34.54 +46.98 81.52	92.99 - 40.97 52.02
62.71 +81.93 144.64	88.92 +50.61 139.53	65.43 - 63.44 1.99	84.33 +53.74 138.07	71.64 +10.25 81.89

45

32.24 +27.92 60.16	19.47 +48.53 68.00	37.55 +79.15 116.70	24.21 +84.35 108.56	66.43 - 48.78 17.65
42.83 - 38.11 4.72	11.12 +12.16 23.28	91.98 - 41.27 50.71	82.12 - 11.42 70.70	54.16 +75.56 129.72
71.54 +20.66 92.20	65.94 +24.13 90.07	60.27 +76.57 136.84	97.36 - 35.79 61.57	61.71 - 23.77 37.94
34.48 - 10.83 23.65	57.19 - 34.28 22.91	79.25 - 42.14 37.11	56.45 - 15.92 40.53	80.86 +92.15 173.01

46

61.46 - 24.32 37.14	84.19 - 64.18 20.01	18.68 +50.36 69.04	99.87 +68.25 168.12	14.91 +62.58 77.49
73.98 - 20.89 53.09	45.51 - 25.29 20.22	79.31 +36.97 116.28	25.51 +96.36 121.87	35.15 +72.83 107.98
73.61 - 36.48 37.13	74.77 - 11.38 63.39	82.38 +93.62 176.00	86.19 - 67.43 18.76	60.24 - 52.17 8.07
63.57 +96.15 159.72	74.11 - 70.59 3.52	63.24 - 44.68 18.56	48.42 +64.58 113.00	71.32 +57.77 129.09

47

53.65 +71.28 124.93	75.69 - 72.24 3.45	65.32 +29.12 94.44	75.82 - 53.66 22.16	23.82 - 15.68 8.14
32.34 - 24.32 8.02	31.26 +52.31 83.57	92.45 - 76.72 15.73	79.76 +50.65 130.41	66.23 - 35.51 30.72
98.64 - 87.48 11.16	27.63 +98.63 126.26	81.12 - 23.19 57.93	34.43 - 24.73 9.70	85.88 +77.62 163.50
19.33 +75.93 95.26	76.68 +80.51 157.19	85.19 - 39.67 45.52	87.77 +27.92 115.69	47.65 +96.92 144.57

48

39.31 +80.49 119.80	52.88 +45.36 98.24	68.59 - 31.67 36.92	25.57 - 23.38 2.19	61.28 +68.17 129.45
68.11 +26.19 94.30	80.81 +74.73 155.54	58.45 +88.63 147.08	90.46 - 74.64 15.82	49.29 - 14.57 34.72
39.59 - 14.19 25.40	52.31 - 20.96 31.35	65.36 +71.24 136.60	66.17 +99.15 165.32	79.43 +91.94 171.37
78.67 +26.83 105.50	43.46 - 21.68 21.78	44.67 - 43.86 0.81	98.77 - 62.22 36.55	88.25 - 22.12 66.13

49

58.96 − 18.24 **40.72**	25.47 +46.16 **71.63**	82.41 − 69.42 **12.99**	65.81 − 47.88 **17.93**	20.84 +20.23 **41.07**
16.58 − 11.69 **4.89**	12.45 +90.75 **103.20**	58.42 − 49.49 **8.93**	41.41 +46.74 **88.15**	94.12 +92.92 **187.04**
52.83 +80.94 **133.77**	89.79 − 73.56 **16.23**	44.78 − 26.69 **18.09**	91.62 − 73.27 **18.35**	11.63 +46.26 **57.89**
65.73 +66.57 **132.30**	80.12 − 52.22 **27.90**	74.69 − 10.11 **64.58**	60.42 +36.38 **96.80**	57.51 +23.15 **80.66**

50

85.83 +15.92 **101.75**	32.57 +72.96 **105.53**	85.91 +55.29 **141.20**	63.51 − 44.57 **18.94**	60.88 − 24.79 **36.09**
80.41 +79.58 **159.99**	24.78 − 16.31 **8.47**	69.58 − 54.92 **14.66**	32.93 − 24.64 **8.29**	98.55 − 28.48 **70.07**
81.25 +29.36 **110.61**	30.32 − 21.22 **9.10**	22.89 +72.97 **95.86**	97.62 − 72.44 **25.18**	82.96 +95.69 **178.65**
56.65 − 21.93 **34.72**	38.91 +76.55 **115.46**	32.85 +30.81 **63.66**	86.45 − 57.85 **28.60**	91.36 +18.14 **109.50**

51

Ex) A. 34 B. 33.85 C. 33.22 D. 33.8

1) A. 73.96 B. 73.5 C. 73.4 D. 73.1
2) A. 3.29 B. 3.55 C. 3.6 D. 3.86
3) A. 4.19 B. 4.27 C. 4.6 D. 5
4) A. 5.7 B. 5.2 C. 5.6 D. 5.25
5) A. 22.4 B. 22.8 C. 22.3 D. 22.91
6) A. 11.59 B. 11.46 C. 12 D. 11.6
7) A. 8 B. 7.96 C. 7.35 D. 7.63
8) A. 3 B. 2.57 C. 2.9 D. 2.2
9) A. 9.17 B. 9.5 C. 9.9 D. 10
10) A. 75.6 B. 75.9 C. 75.8 D. 75.22
11) A. 83.11 B. 83.6 C. 83.16 D. 83.4
12) A. 3.8 B. 4 C. 3.86 D. 3.9
13) A. 72.5 B. 72.59 C. 72.4 D. 72.3
14) A. 44.9 B. 44.5 C. 44.53 D. 44
15) A. 4.2 B. 5 C. 4.99 D. 4.22
16) A. 7.3 B. 7.01 C. 8 D. 7.8
17) A. 3.68 B. 3.5 C. 3.7 D. 3.88
18) A. 14.62 B. 14.5 C. 14.87 D. 14.76
19) A. 65.8 B. 66 C. 65.2 D. 65.7
20) A. 2.25 B. 2.52 C. 2.2 D. 2.1

Ex. C,D,B,A
1. D,C,B,A
2. A,B,C,D
3. A,B,C,D
4. B,D,C,A
5. C,A,B,D
6. B,A,D,C
7. C,D,B,A
8. D,B,C,A
9. A,B,C,D
10. D,A,C,B
11. A,C,D,B
12. A,C,D,B
13. D,C,A,B
14. D,B,C,A
15. A,D,C,B
16. B,A,D,C
17. B,A,C,D
18. B,A,D,C
19. C,D,A,B
20. D,C,A,B

52

Ex) A. 93.56 B. 94 C. 93.73 D. 93.2

1) A. 64.2 B. 64.8 C. 64.15 D. 64.84
2) A. 53.4 B. 53.22 C. 53.67 D. 53.42
3) A. 4.7 B. 5 C. 4.9 D. 4.56
4) A. 9.2 B. 9.18 C. 9 D. 9.7
5) A. 6.6 B. 6.29 C. 6.4 D. 6.17
6) A. 5.1 B. 5.4 C. 5.9 D. 5.5
7) A. 10.41 B. 10.4 C. 10.46 D. 10
8) A. 8.9 B. 8.48 C. 8.4 D. 8.7
9) A. 84.67 B. 84.42 C. 84.4 D. 84
10) A. 87.8 B. 88 C. 87.62 D. 87.6
11) A. 90 B. 89.9 C. 89.49 D. 89.5
12) A. 3.42 B. 3 C. 3.8 D. 3.94
13) A. 3.94 B. 3.48 C. 3.8 D. 3.84
14) A. 1 B. 1.27 C. 1.3 D. 1.2
15) A. 8.75 B. 8.48 C. 8.6 D. 8.9
16) A. 49.9 B. 49.22 C. 49.2 D. 49.61
17) A. 96.34 B. 96 C. 96.4 D. 96.9
18) A. 73 B. 72.59 C. 72.99 D. 72.86
19) A. 9.78 B. 9.43 C. 10 D. 9.7
20) A. 3 B. 2.2 C. 2.5 D. 2.42

Ex. D,A,C,B
1. C,A,B,D
2. B,A,D,C
3. D,A,C,B
4. C,B,A,D
5. D,B,C,A
6. A,B,D,C
7. D,B,A,C
8. C,B,D,A
9. D,C,B,A
10. D,C,A,B
11. C,D,B,A
12. B,A,C,D
13. B,C,D,A
14. A,D,B,C
15. B,C,A,D
16. C,B,D,A
17. B,A,C,D
18. B,D,C,A
19. B,D,A,C
20. B,D,C,A

53

#	A	B	C	D		#	A	B	C	D		#	A	B	C	D		Answer
Ex)	4.77	4.62	5	4.1		1)	76.57	77	76.6	76.66		2)	9.59	9.2	9.58	9.92		Ex. D,B,A,C
3)	39.9	39.17	39.26	39.56		4)	28.4	28.1	29	28.24		5)	5.58	5.5	5.62	5.7		1. A,C,D,B
6)	54.4	54.52	54.45	54.7		7)	54.68	54.3	54.04	54.5		8)	8.84	8.59	8.1	8.4		2. B,C,A,D
9)	7.18	7.7	7.79	7.1		10)	59.75	59.3	59.6	59.49		11)	96.78	96.55	96.8	96.6		3. B,C,D,A
12)	6.12	6.2	6.8	6.17		13)	5.2	5.15	5.45	5.52		14)	75	74.45	74.44	74.59		4. B,D,A,C
15)	85.5	85.4	85.01	85.79		16)	6.48	6.67	6.7	6.27		17)	6.32	6.3	6.18	6		5. B,A,C,D
18)	9.3	9.66	9.58	10		19)	2.31	2.4	2.32	2.1		20)	3.7	3.72	3.6	3.2		6. A,C,B,D

Answer key (53): Ex. D,B,A,C; 1. A,C,D,B; 2. B,C,A,D; 3. B,C,D,A; 4. B,D,A,C; 5. B,A,C,D; 6. A,C,B,D; 7. C,B,D,A; 8. C,D,B,A; 9. D,A,B,C; 10. B,D,C,A; 11. B,D,A,C; 12. A,D,B,C; 13. B,A,C,D; 14. C,B,D,A; 15. C,B,A,D; 16. D,A,B,C; 17. D,C,B,A; 18. A,C,B,D; 19. D,A,C,B; 20. D,C,A,B

54

#	A	B	C	D		#	A	B	C	D		#	A	B	C	D
Ex)	51.9	52	51.13	51.7		1)	6.73	7	6.45	6.5		2)	59.6	59.03	59.7	59.17
3)	21.4	21.49	21	21.89		4)	91.72	91.9	92	91.58		5)	7.8	7	7.88	7.44
6)	23.18	23.53	23.48	23.9		7)	42.64	42.6	42.3	42.42		8)	5.74	6	5.88	5.82
9)	30	30.13	30.4	30.3		10)	48.3	48.94	48.4	48		11)	2.7	2.8	2.3	2.82
12)	47.5	47.7	48	47.53		13)	37.05	37.9	37.72	37.4		14)	2.5	2.2	2.93	2.83
15)	64	63.36	63.3	63.4		16)	11.05	11.56	12	11.54		17)	90.98	91	90.54	90.1
18)	7.7	8	7.41	7.92		19)	9.48	9.56	9.4	9.2		20)	63.98	63.3	63.7	63.1

Answer key (54): Ex. C,D,A,B; 1. C,D,A,B; 2. B,D,A,C; 3. C,A,B,D; 4. D,A,B,C; 5. B,D,A,C; 6. A,C,B,D; 7. C,D,B,A; 8. A,D,C,B; 9. A,B,D,C; 10. D,A,C,B; 11. C,A,B,D; 12. A,D,B,C; 13. A,D,C,B; 14. B,A,D,C; 15. C,B,D,A; 16. A,D,C,B; 17. D,C,A,B; 18. C,A,D,B; 19. D,C,A,B; 20. D,B,C,A

55

#	A	B	C	D		#	A	B	C	D		#	A	B	C	D		Answer
Ex)	68.1	68.47	68.4	68.43		1)	7	7.4	7.35	7.5		2)	89.95	89.8	89.4	89.37		Ex. A,C,D,B
3)	1.87	1.9	1.3	2		4)	96.8	96.81	96.5	97		5)	4.17	4.93	4.8	4.7		1. A,C,B,D
6)	2.18	2.02	2.7	2.38		7)	66.26	66.5	66.61	67		8)	37.3	37.58	38	37.22		2. D,C,B,A
9)	62	61.9	61.85	61.6		10)	38.89	38	38.8	38.08		11)	46	46.59	46.93	46.89		3. C,A,B,D
12)	90.1	90.2	90.4	90.63		13)	2	2.83	2.2	2.3		14)	24.9	24	24.33	24.5		4. C,A,B,D
15)	97.21	97.42	97.4	97		16)	26	25.74	25.9	25.1		17)	74.3	74.7	74.9	74.73		5. A,D,C,B
18)	3.9	3	3.3	3.1		19)	8.9	8	8.84	8.51		20)	4.12	4.3	4.93	4.1		6. B,A,D,C

Answer key (55): Ex. A,C,D,B; 1. A,C,B,D; 2. D,C,B,A; 3. C,A,B,D; 4. C,A,B,D; 5. A,D,C,B; 6. B,A,D,C; 7. A,B,C,D; 8. D,A,B,C; 9. D,C,B,A; 10. B,D,C,A; 11. A,B,D,C; 12. A,B,C,D; 13. A,C,D,B; 14. B,C,D,A; 15. D,A,C,B; 16. D,B,C,A; 17. A,B,D,C; 18. B,D,C,A; 19. B,D,C,A; 20. D,A,B,C

56

#	A	B	C	D		#	A	B	C	D		#	A	B	C	D		Answer
Ex)	39.53	39.3	39.22	39.9		1)	3.9	3.95	3.7	3.74		2)	20.19	20	20.4	20.6		Ex. C,B,A,D
3)	3.4	3	3.24	3.9		4)	36.8	36.1	36.23	37		5)	1.3	1.37	1.5	1.2		1. C,D,A,B
6)	27.42	27.88	27.7	27		7)	2.55	2.6	2.3	2.67		8)	55.6	55.56	55.8	55.2		2. B,A,C,D
9)	6.59	7	6.6	6.5		10)	26.1	26.86	26.51	26.3		11)	46.6	46.19	46.8	47		3. B,C,A,D
12)	7.4	7.3	7.5	7.19		13)	8.23	8.7	8	8.4		14)	9	8.99	8.61	8.64		4. B,C,A,D
15)	7.9	7.2	7.04	7.73		16)	28.8	28.6	28.5	28.9		17)	30.2	30.37	30.82	30.71		5. D,A,B,C
18)	60.3	61	60.5	60.71		19)	61.9	61.59	61.84	61.91		20)	7.6	7.47	7	7.8		6. D,A,C,B

Answer key (56): Ex. C,B,A,D; 1. C,D,A,B; 2. B,A,C,D; 3. B,C,A,D; 4. B,C,A,D; 5. D,A,B,C; 6. D,A,C,B; 7. C,A,B,D; 8. D,B,A,C; 9. D,A,C,B; 10. A,D,C,B; 11. B,A,C,D; 12. D,B,A,C; 13. C,A,D,B; 14. C,D,B,A; 15. C,B,D,A; 16. C,B,A,D; 17. A,B,D,C; 18. A,C,D,B; 19. B,C,A,D; 20. C,B,A,D

57

#	Options				Answer
Ex)	A. 5.17	B. 5.95	C. 6	D. 5.9	A,D,B,C
1)	A. 23.3	B. 23.4	C. 23.9	D. 23.26	D,A,B,C
2)	A. 7.5	B. 7.65	C. 7.97	D. 7.14	D,A,B,C
3)	A. 18.41	B. 18.83	C. 19	D. 18.5	A,D,B,C
4)	A. 14.36	B. 14.4	C. 14.86	D. 14.7	A,B,D,C
5)	A. 62.24	B. 62.49	C. 62.4	D. 62.7	A,C,B,D
6)	A. 1.72	B. 1.74	C. 1.52	D. 1.36	D,C,A,B
7)	A. 2.5	B. 2.4	C. 2.12	D. 2.7	C,B,A,D
8)	A. 73.75	B. 73.2	C. 74	D. 73.17	D,B,A,C
9)	A. 3.42	B. 3.7	C. 3.2	D. 4	C,A,B,D
10)	A. 19.18	B. 19.2	C. 19.42	D. 19	D,A,B,C
11)	A. 29	B. 28.26	C. 28.5	D. 28.7	B,C,D,A
12)	A. 97.6	B. 97.52	C. 97.95	D. 97.7	B,A,D,C
13)	A. 9	B. 8.3	C. 8.7	D. 8.99	B,C,D,A
14)	A. 50	B. 49.4	C. 49.83	D. 49.5	B,D,C,A
15)	A. 29.92	B. 30	C. 29.7	D. 29.5	D,C,A,B
16)	A. 9.5	B. 9.6	C. 9.57	D. 9.1	D,A,C,B
17)	A. 3.6	B. 3.3	C. 3.39	D. 3.8	B,C,A,D
18)	A. 4.4	B. 4.12	C. 4.41	D. 4.5	B,A,C,D
19)	A. 24.92	B. 24.4	C. 24.28	D. 24.3	C,D,B,A
20)	A. 7.21	B. 7.5	C. 7.4	D. 7	D,A,C,B

58

#	Options				Answer
Ex)	A. 68	B. 67.3	C. 67.6	D. 67.89	B,C,D,A
1)	A. 2.1	B. 2.23	C. 2.2	D. 2.18	A,D,C,B
2)	A. 1.61	B. 1.57	C. 2	D. 1.19	D,B,A,C
3)	A. 26.3	B. 27	C. 26.8	D. 26.74	A,D,C,B
4)	A. 15	B. 15.65	C. 15.26	D. 15.3	A,C,D,B
5)	A. 23.4	B. 24	C. 23.9	D. 23.99	A,C,D,B
6)	A. 6.54	B. 6.62	C. 6.9	D. 6.5	D,A,B,C
7)	A. 3	B. 2.6	C. 2.18	D. 2.71	C,B,D,A
8)	A. 88	B. 87.81	C. 87.86	D. 87.54	D,B,C,A
9)	A. 23.8	B. 23	C. 23.19	D. 23.97	B,C,A,D
10)	A. 71.57	B. 71.49	C. 71.1	D. 71.79	C,B,A,D
11)	A. 5.8	B. 5.77	C. 5	D. 5.72	C,D,B,A
12)	A. 57.99	B. 57.4	C. 57.3	D. 57.6	C,B,D,A
13)	A. 3.14	B. 3	C. 3.05	D. 3.3	B,C,A,D
14)	A. 36.17	B. 36.52	C. 36.6	D. 36.67	A,B,C,D
15)	A. 4.3	B. 4.6	C. 4	D. 4.2	C,D,A,B
16)	A. 62	B. 61.89	C. 61.86	D. 61.74	D,C,B,A
17)	A. 1.35	B. 2	C. 1.73	D. 1.7	A,D,C,B
18)	A. 27.2	B. 27.38	C. 27.41	D. 27.68	A,B,C,D
19)	A. 6.36	B. 6.7	C. 6.1	D. 6.06	D,C,A,B
20)	A. 1.67	B. 1.15	C. 2	D. 1.7	B,A,D,C

59

#	Options				Answer
Ex)	A. 47.85	B. 47.9	C. 47.33	D. 47.2	D,C,A,B
1)	A. 1.1	B. 1.7	C. 1	D. 1.2	C,A,D,B
2)	A. 7.3	B. 7.65	C. 7.82	D. 8	A,B,C,D
3)	A. 4.6	B. 4.48	C. 5	D. 4.4	D,B,A,C
4)	A. 73.7	B. 73	C. 73.24	D. 73.28	B,C,D,A
5)	A. 1.8	B. 2	C. 1.23	D. 1.3	C,D,A,B
6)	A. 32	B. 31.95	C. 31.6	D. 31.32	D,C,B,A
7)	A. 73.2	B. 73.46	C. 73.6	D. 73	D,A,B,C
8)	A. 50.41	B. 50.7	C. 50.74	D. 50.1	D,A,B,C
9)	A. 7.9	B. 7	C. 7.64	D. 7.86	B,C,D,A
10)	A. 15.55	B. 15.34	C. 15.7	D. 15.8	B,A,C,D
11)	A. 41.53	B. 41.5	C. 41.22	D. 41.82	C,B,A,D
12)	A. 5.3	B. 5.7	C. 5.41	D. 5	D,A,C,B
13)	A. 6.5	B. 6.03	C. 6.84	D. 6.51	B,A,D,C
14)	A. 95.9	B. 95.85	C. 95.1	D. 95.92	C,B,A,D
15)	A. 34.53	B. 34.4	C. 34	D. 34.35	C,D,B,A
16)	A. 4.4	B. 4.36	C. 4.78	D. 4.17	D,B,A,C
17)	A. 1.2	B. 1.1	C. 1.98	D. 2	B,A,C,D
18)	A. 4.18	B. 4.23	C. 4.4	D. 4.95	A,B,C,D
19)	A. 3.53	B. 3.4	C. 3.78	D. 4	B,A,C,D
20)	A. 21.4	B. 21	C. 21.3	D. 21.94	B,D,C,A

60

#	Options				Answer
Ex)	A. 8.6	B. 8.41	C. 9	D. 8.88	B,A,D,C
1)	A. 7.22	B. 7.5	C. 7.97	D. 7.8	A,B,D,C
2)	A. 3.57	B. 3.12	C. 4	D. 3.54	B,D,A,C
3)	A. 92.83	B. 93	C. 92.4	D. 92.3	D,C,A,B
4)	A. 24.01	B. 24.27	C. 24.91	D. 24.1	A,D,B,C
5)	A. 5.33	B. 5.91	C. 6	D. 5.64	A,D,B,C
6)	A. 5.6	B. 5.43	C. 5	D. 5.5	C,B,D,A
7)	A. 7.9	B. 7.4	C. 7.44	D. 7.68	B,C,D,A
8)	A. 6	B. 5.88	C. 5.6	D. 5.7	C,D,B,A
9)	A. 69.6	B. 69.06	C. 70	D. 69.28	B,D,A,C
10)	A. 18.93	B. 18	C. 18.32	D. 18.1	B,D,C,A
11)	A. 5.5	B. 5.2	C. 5.81	D. 5	D,B,A,C
12)	A. 13.67	B. 13.39	C. 13.8	D. 13.7	B,A,D,C
13)	A. 76.7	B. 76.6	C. 76.2	D. 7.7	C,B,A,D
14)	A. 6.1	B. 6.27	C. 6.72	D. 6.6	A,B,D,C
15)	A. 51.55	B. 52	C. 51.72	D. 51.1	D,A,C,B
16)	A. 87.5	B. 87.4	C. 87	D. 87.61	C,B,A,D
17)	A. 9.27	B. 9.5	C. 9.48	D. 9.3	A,D,C,B
18)	A. 64.14	B. 64.1	C. 64.23	D. 64.78	B,A,C,D
19)	A. 20.61	B. 20.4	C. 20.3	D. 20.7	C,B,A,D
20)	A. 3	B. 2.5	C. 2.85	D. 2.2	D,B,C,A

Made in the USA
Monee, IL
07 July 2026